这是一本为所有想了解女性
身体和生活的人写的书。

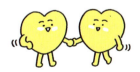

不羞耻的性教育

性教育

给青春期女孩的身心呵护书

〔韩〕尹晶园 〔韩〕金畋志 —— 著

赵子媛 —— 译

河北科学技术出版社

· 石家庄 ·

版权登记号：03-2022-163

图书在版编目（CIP）数据

不羞耻的性教育 / （韩）尹晶园，（韩）金旼志著；
赵子嫒译. — 石家庄 : 河北科学技术出版社，2024.6
ISBN 978-7-5717-1932-6

Ⅰ . ①不… Ⅱ . ①尹… ②金… ③赵… Ⅲ . ①女生 –
青春期 – 性教育 Ⅳ . ① G479

中国国家版本馆 CIP 数据核字 (2024) 第 065381 号

不羞耻的性教育
BU XIUCHI DE XINGJIAOYU　　[韩] 尹晶园　 [韩] 金旼志　著　赵子嫒　译

责任编辑：李　虎		经　　销：全国新华书店
责任校对：徐艳硕		开　　本：880mm×1230mm　1/32
美术编辑：张　帆		印　　张：7.25
封面设计：尚燕平		字　　数：120 千字
版式设计：任尚洁		版　　次：2024 年 6 月第 1 版
出　　版：河北科学技术出版社		印　　次：2024 年 6 月第 1 次印刷
地　　址：石家庄市友谊北大街 330 号（邮编：050061）		书　　号：978-7-5717-1932-6
印　　刷：天津联城印刷有限公司		
定　　价：68.00 元		

版权所有 侵权必究

如发现图书印装质量问题，请与我们联系免费调换。客服电话：010-88843286

致询问"为什么不把我真正好奇的事情告诉我"的女孩们

　　从小我就对自己的身体很感兴趣。说实话，我对它有很多担心和不满。为什么月经开始得这么早？我的腿为什么这么粗？体毛为什么总是长出来？每一个问题都令我苦恼。别人什么时候会经历这样的变化？是什么因素导致身体的变化来得早或来得晚？这样变化下去是否没关系？对这些一无所知的我只能独自担心，内心充斥着不满。

　　不知道为什么，我总是觉得不好意思，没有好好地向其他人咨询过，因此无法清楚地了解自己的身体。在这种情况下，我接触的所有与身体相关的信息对年幼的我来说都像及时雨一样。然而，遗憾的是，我接收的大部分信息都是错误的或无用的，基本都是一些以减肥方法、让胸部变大的方法、化妆方法等内容为主的信息。现在回想起来，这些信息并没有让我更了解自己的身体，反而让我更加讨厌自己的身体。这些信息并没有告诉我那些我真正好奇的事情，因此，我认为我们需要一本正确讲述青少年身体和心理，以及对青少年身心产生正面影响的书。

不过，我并不是想教育大家"青少年和女性应该如何"。我们都是世界上独一无二的个体，身体、性别、长相和性格各不相同。社会却以方便、简单为理由，不断强调某种统一的"标准"。了解多样化的世界一方面是一件复杂的事情，另一方面又令人感到惊奇、有趣，同时也是帮助我们进一步了解自我和世界的过程。希望这本书能在各位寻找自我、发掘自己的可能性的过程中有所帮助。

本书包含联合国教科文组织发布的一系列全面性教育指导纲要中推荐12~15岁青少年阅读的信息。这些是全世界同龄青少年都好奇的信息，只有了解这些信息，才能与自己的身体建立良好的关系。当然，每个人在身体、精神、情绪方面的发展存在个体差异，对于不同的内容，有些人可能完全不关心，也可能想知道更多。所以，即使年纪很小也可以读这本书，年纪大的人阅读本书也能获得帮助。希望本书能够提供充足的有用信息，帮助大家了解自己的身体，从而做出更好的选择。

致读这本书的大人们

如果父母或老师先读了这本书，也许会很诧异地说："孩子们连这个都得知道吗？"请回想一下，我们小时候有没有被大人教过身体各个部位的正确名称和作用？有没有被教过需要多久做一次定期妇科检查？有没有被教过需要为健康的亲密关系做哪些准备？接受过非常落后的性教育的我们经历了很多错误，很晚才知道了本应早早知道的事实。不，或许有些事实我们现在仍不知道。

与上一辈人相比，现在的青少年需要获取更多信息。在瞬息万变的环境中，机会增多，危害因素也会随之增加。随着科学技术的发展，对身体的选择也变得更加多样化了。那么，现在的孩子应该知道的信息的范围扩大了是理所应当的事。与从前信息匮乏的时代不同，现在只要在网上搜索就能实时找到相关内容，如果没有准确、可靠的信息来源，孩子说不定会从同龄人那里或者网络上获取不准确的信息。

本书旨在准确解答青少年对自己的身体和性的疑问，帮助他们找到属于自己的答案。孩子总是向大人学习，要想教会孩子互相尊重，大人就要以身作则，尊重别人。请各位不要刻意避讳自己经历过性生活这个事实，也不要羞于和孩子谈论性，可以将书里的内容和日常生活联系起来进行提问。比起给孩子"你做错了"这样的忠告或评价，大人更应该将注意力放在孩子为什么那么想、在那种情况下孩子的心情如何等问题上，从而和孩子进行对话。其实，大人的标准和价值观也是在各种社会环境中形成的，并不是绝对的真理。

也请大家关注孩子学校里的性教育进行到了什么程度。如果发现教育内容不充分，可以向学校投诉。孩子需要了解的东西越来越多，学校也应该相应地改变教育内容。请大家一定要协助和鼓励青少年了解并接受自己的身体，让他们获得更多力量。

目录

第一章
身体与青春期

第二章
身体与性意识

第三章

身体与世界

附录

对身体健康有益的好习惯

第一章

身体与青春期

想要了解自己，首先要了解自己的身体。身体影响的方面比我们想象的多。进入青春期，随着身体的变化，思想和内心也会变得复杂。如果正确地了解自己的身体，对这种变化的恐惧就会转变成悦纳。那么从现在开始，让我们向陌生的身体靠近一步吧！

第二性征

　　每个人都会迎来青春期。说到青春期，你会想到什么？烦恼、变化无常、反抗、压力、友情、爱情、成长之痛……我们会面临各种感情和变化，最先开始改变的是身体。不仅仅是个子变高、体重增加，我们身体的各个部分都会发生陌生的变化。

　　你想快点儿长大吗？还是不想成为大人呢？无论你愿不愿意，进入青春期，我们的身体会逐渐变成大人的身体。身体的变化会慢慢显现出来，也许有一天会因为变化太突然而让我们感到困惑。如果从现在开始了解自己的身体，我们就能更自然地接受这种变化。

青春期增长的性激素

激素是人体内传达化学信号的物质，由多个器官制造、分泌，起到调节身体功能的作用。简单地说，就像按下遥控器上的电源键就能打开电视、按下增大音量的按键音量就会变大一样，垂体中的激素有的去甲状腺工作，有的去卵巢工作，各自发挥作用。

在各种激素中，调节与性有关的生理现象的激素被称为"性激素"。进入青春期的女性的垂体会向卵巢发出有规律的信号，卵巢会产生越来越多的雌激素和孕酮。这时，身体就会发生变化，出现月经初潮（即初次月经）。

不同年龄段的身体变化

下面来具体看看10~16岁时身体会发生哪些变化。

10~12岁：青春期的开始

最先引人注意的变化发生在胸部。胸部凸起，有时能够摸到乳房肿块，偶尔还会感到疼痛。青春痘变得越来越多。腋下开始出现异味，因为进入青春期，皮肤汗腺之一的顶泌汗腺会变得很发达。这时候个子长得最快，一定要均衡饮食、坚持运动。

胸部的变化

青春期前　　满10岁　　满12岁　　满14岁　　满16岁

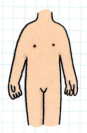 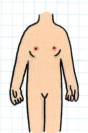 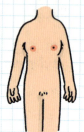 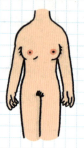 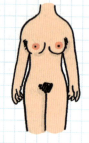

阴毛的变化

子宫的变化

   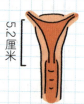 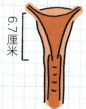

3厘米　3.7厘米　4.5厘米　5.2厘米　6.7厘米

青春期前　　满10岁　　满12岁　　满14岁　　满16岁

1立方厘米　3立方厘米　5立方厘米　7立方厘米　10立方厘米

卵巢的变化

11~13 岁：身体逐渐开始变化

耻骨附近和腋下开始长毛，人中和四肢上的绒毛逐渐变粗，颜色也越来越深。初潮一般在阴毛长出来后出现，但也有可能在那之前出现。乳头也会凸出来，颜色会发生变化。

14~16 岁：接近成年人的身体

此时身体几乎和成年人的身体一样。当然，想法、心情都会不断变化。

因人而异的变化

虽然我们观察了不同年龄的身体变化，但这只是平均标准。就像人们的长相、头发颜色、身高和体形各不相同一样，青春期的变化也各不相同，这是个体差异。也就是说，每个人的精神和身体特征都有差异。

所以，不必花太多时间思考"这个年纪要长这么高，我为什么长不高呢""我的胸部为什么比别人大（小）""我的身体为什么没有毛"等问题。

太快或者太慢

正如前面所说的，身体的变化不一定在规定的时间内发生。但如果有以下情况，请咨询医生。

身体变化发生得太早

进入青春期很久了，身体的变化很小

难以接受青春期出现的女性特征

8岁以前胸部就开始发育或长出阴毛的情况叫作"性早熟"，是身体变化过早开始的表现。事实上，在全世界范围内，女性第一次来月经时的年龄比父母那代人小1岁半到2岁左右。由于受西方饮食习惯的影响，现在的孩子摄取了大量脂肪，而雌激素的产生正好需要脂肪。另外，食用快餐、接触塑料、受到环境污染等情况很容易让他们直接暴露在环境激素[1]中，导致第二性征提前出现。

---

1. 即环境内分泌干扰素，指环境中与人和动物体内激素结构相似的有机化合物。在环境中浓度极低，但一旦进入人和动物体内，便能参与体内激素的合成、分泌、运输、结合或分解，干扰人和动物体内的内分泌活动，使人和动物的免疫力下降、繁殖性能降低、畸形儿出生率上升。——编注

还有一些少见的情况，例如因为长肿瘤而引发性早熟。如果初潮出现得过早，骨骺线就会提早闭合，导致无法充分长高。如果8岁以前胸部就开始发育或长出阴毛，一定要去医院检查。相反，如果满13岁胸部依然没有发育或没有长出阴毛、满15岁还没有来月经，可能是发育迟缓，也应该去医院检查。

有些人无法接受第二性征和突出的性别特征。如果面对胸部开始发育或月经来潮等变化不是觉得惊慌，而是认为"我本该生为男性"，甚至感到痛苦，就有必要与医生进行沟通。关于这个问题，第68页的"性别认同和性倾向"一节中进行了详细说明。

听说青春期会出现生长痛，真的很痛吗？

在儿童时期和青春期，可能会感受到生长痛。这种情况最早在3~4岁时出现，一般在8~12岁时出现。在下午、晚上感觉双腿疼痛的情况很多。

但这种情况不一定是青春期的突然成长或激素引起的。特别是在进行了大量身体活动或运动较多的日子，疼痛感会很严重。如果第二天早上就好转了，很可能是因为突然高频率使用肌肉，导致过度劳累而引发的。

疼痛感很严重时，可以按摩腿部，也可以热敷疼痛的部位，或者做放松肌肉的伸展运动。如果这么做了，疼痛感还是很严重，请咨询医生，在医生的指导下服用消炎、镇痛的药物。

被医生诊断为性早熟的话，会接受什么样的治疗呢？

如果被诊断为性早熟，一般会进行注射治疗，暂时抑制性成熟。每个月要进行一次皮下注射，并不是很疼。在治疗期间，胸部不会发育，阴毛不会生长。一般要治疗到与11~12岁的同龄人成长速度差不多的程度。

胸部

　　进入青春期时，胸部会出现很大的变化。当扁平的胸部开始凸起，身体就会看起来不一样。刚开始可能会觉得很别扭，因为即使穿了衣服，看起来也和以前不同，还要接触以前不需要穿的胸罩。

　　有些女孩会因为胸部变大而感到羞耻，缩着肩膀走路；有些女孩会因为自己的胸部比其他人小而感到伤心。在这里，我要认真地告诉大家，无论胸大还是胸小，都是适合自己身体的成长结果，请女孩们大大方方地昂首挺胸，仔细地观察自己的胸部。接下来我会对胸部为什么会在青春期发育以及挑选合适胸罩的方法一一进行说明。

胸部

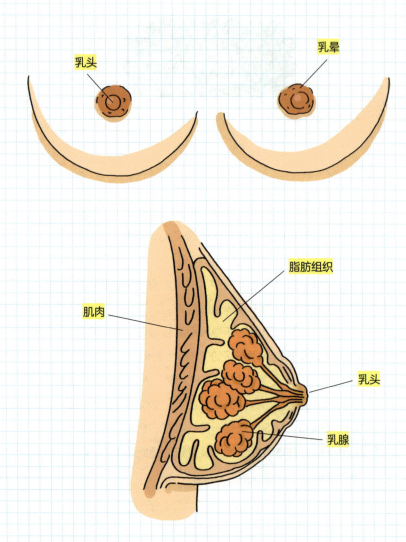

乳头

乳晕

脂肪组织

肌肉

乳头

乳腺

胸部凸起的原因

青春期胸部凸起是因为这个时期产生的雌激素和孕激素刺激了胸部的乳腺，使其发育。乳腺是乳房内能分泌乳汁的腺，生了孩子，乳腺就会产生乳汁。为了保护乳头下方的乳腺组织，脂肪聚集在乳头附近，胸部就会变得越来越饱满。

各种各样的胸部

胸部的形状和大小各不相同，样子多到数不清，乳头也一样。没有绝对完美的形状和大小，不管胸部长什么样，都不必和别人比较。胸部的样子会随着年龄的增长而变化，东方人和西方人之间也有差异，一般来说，与东方人相比，西方人的胸部脂肪组织更多。

此外，怀孕的女性受雌激素的影响，乳腺更加发达。有人认为，胸部的形状或大小不同，哺乳等生理功能会有所不同，这种说法完全没有根据。胸部的形状或大小与哺乳等生理功能没有任何关系。

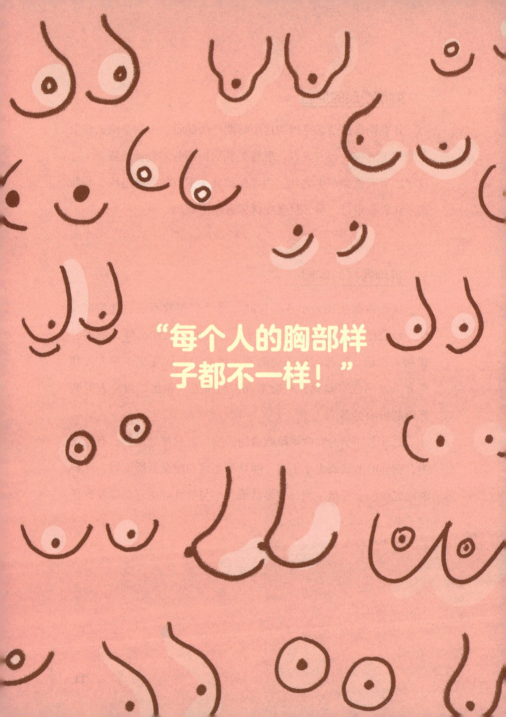

一定要穿胸罩吗

我经常被问到"穿胸罩是否对健康有益"这个问题。虽然目前关于穿胸罩对胸部健康影响的研究不多，但是下面的内容可以对此进行回答。

不穿胸罩胸部会下垂吗

胸部下垂的原因有遗传（本身容易下垂的体质）、衰老、体重过重等，其实跟不穿胸罩没什么关系。有人认为，如果穿胸罩，胸部肌肉就不会工作，从而变弱，导致胸部更容易下垂。

生了孩子，乳腺就会分泌乳汁。在母乳喂养期间，乳腺会先膨胀后萎缩，也会导致胸部下垂。但是也有研究结果表明，母乳喂养可以在一定程度上降低乳腺癌的发病率，任何事情都是有多面性的。

穿胸罩更容易得乳腺癌吗

如果穿过紧的胸罩，血液循环和淋巴循环会不顺畅，胸部很容易浮肿。不过，是否穿胸罩和乳腺癌的发病率没有直接关联。

穿胸罩会加重颈部和腰部的疼痛吗

受雌激素的影响较大时，胸部可能会变大。胸大可能会引起颈部和腰部疼痛，胸大的人更倾向于穿胸罩，但胸罩本身不会引发疼痛。不过，如果穿的胸罩不合身，可能会引发疼痛。特别是穿过紧的胸罩睡觉，很难安然入睡，还会出现乳房痛和胃酸逆流等现象。

胸部刚开始发育的时候，被触碰时可能会疼，建议穿少女胸罩。如果运动时不舒服，可以穿能支撑胸部的运动胸罩。并不是胸部发育到一定程度就一定要穿带钢圈的胸罩，虽然带钢圈的胸罩能够塑形，但随着清洗次数的增多，胸罩会变形，有刺伤胸部的危险。现在没有钢圈的舒适胸罩也很容易买到。

当然，如果不愿意，也可以不穿胸罩。如果要穿，最好选择适合自己身体的胸罩。在家或睡觉的时候最好不要穿胸罩。

选择适合自己的胸罩
胸围测量法

胸罩直接接触胸部，如果穿不合身的胸罩，一整天都会不舒服，而且稍有不慎就会改变胸部的形状，所以要准确地量胸围，选择适合自己的胸罩尺码。去内衣店的话，可以让店员帮忙量胸围并推荐合适的尺码。当然，也可以自己在家里量。

量上胸围

弯腰或托起胸部，让胸部隆起，然后用卷尺从乳头的位置开始，经过腋下、背部，绕身体一周，量上胸围。这时卷尺要保持水平，不能压到乳头。

量下胸围

用卷尺从胸部下方开始，绕身体一周，量下胸围。这时也要注意让卷尺保持水平。

上胸围 - 下胸围

用上胸围的数值减去下胸围的数值，就能得出罩杯。

尺码对照	65	70	75	80	85	90
下胸围	63~67厘米	68~72厘米	73~77厘米	78~82厘米	83~87厘米	88~92厘米
罩杯尺寸	AA	A	B	C	D	E
上胸围 - 下胸围	约7.5厘米	约10厘米	约12.5厘米	约15厘米	约17.5厘米	约20厘米

不穿胸罩的自由

　　一位女艺人结束海外演出日程回到了韩国。她现身机场时的穿搭在网上成了热门话题，因为新闻报道中出现了她没有穿胸罩，只穿着白色T恤的照片。媒体和各大网络社区争先恐后地上传相关照片和视频，并根据网友的各种反应创建了"无胸罩争议"词条。没穿胸罩就引起了争议，真是可笑。明明那位女艺人只是穿了她觉得舒服的衣服而已。

　　如今，很多女性以"脱掉紧身衣"这个名义主张不打扮的自由。中世纪欧洲的女性为了凸显身材，会在礼服内穿上束缚腰部和腹部的矫正内衣——紧身衣。直到去除束身设计的女装问世，女性才摆脱被压迫的痛苦。然而，正如当时通过紧身衣理所当然地要求女性保持美丽一样，今天的社会仍在以一种千篇一律的衡量美的标准去要求女性。

　　因此，反对这种标准的女性共同发声、行动，就像过去的女性脱掉紧身衣一样，她们一边摆脱讨厌的旧框架，一边为解放自己的身体高声呼喊，即"我们有不穿胸罩的自由"。

青春痘

　　一到青春期，可能就会有一个很小的"不速之客"突然来找我们，令我们苦恼。它就是光滑的脸庞上长出的青春痘。其实，这位"不速之客"不仅会出现在脸上，还会出现在胳膊上或背部，令人头疼。由于它看起来很不干净，还会发痒、疼痛，所以我们都很讨厌青春痘，总是想尽办法遮住它。

　　其实，长青春痘就像胸部发育一样，是普通且自然的现象，80％左右的青少年在青春期会长青春痘。只要好好保养，就能有效地减少青春痘。那么，我们来看看为什么青春期经常长青春痘以及怎样才能减少青春痘吧！

青春痘

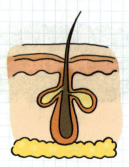

正常毛孔

黑色青春痘（黑头）

白色青春痘（白头）

丘疹（红色青春痘）

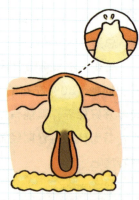

脓包会破裂，
流出脓液

脓包型青春痘（有脓的青春痘）

长青春痘的原因

皮肤会分泌一种叫作"皮脂"的油脂物质，它有滋润、保护皮肤和头发表面的功能。在青春期，激素的急剧变化会导致皮脂分泌增加。因此，不每天洗头就会出油，皮脂堵塞毛孔就会发炎，青春痘就会增多。脸部皮脂腺多的人脸上特别容易长青春痘。

皮脂从毛囊附近分泌出来，通过毛孔排出体外。角质或异物堆积，堵塞毛孔入口的皮脂被称为"黑头"或"白头"。如果细菌增殖或发炎，就会出现红色的青春痘"丘疹"或脓包型青春痘。

针对性减少青春痘的方法

下面是青春痘产生的一些具体原因和针对性解决方法，请逐一阅读，了解一下减少青春痘的方法吧。

快餐

其实，关于饮食和青春痘的关联性，目前还没有确切的研究结果。但是，如果吃特定食物时青春痘会加重，就最好不要吃了。糖分多的饮料、脂肪多的快餐是诱发青春痘的主要原因。

月经

月经快来的时候和月经期间青春痘是不是特别多？没错，激素不规律时，青春痘会更加严重。青春痘若是非常严重，甚至要用避孕药进行抑制激素的治疗。

压力

压力是皮肤的敌人。感受到压力时，我们的身体会分泌激素，试图战胜压力。这时产生的激素会刺激皮脂腺，使青春痘恶化。

化妆品

应该有很多人会使用有治疗青春痘功效的化妆品，但相比之下，平时减少使用化妆品会更有效。粉底液或遮瑕膏等化妆品会堵塞毛孔，卸妆时使用的强力洁面乳会刺激皮肤。

手

有些人长了青春痘，只有用手或粉刺针把青春痘弄破，心里才舒服。但是，这样会导致二次感染或留下疤痕。在医院里进行挤痘治疗时，一定要保证在无菌状态下进行。

洗脸前把手擦干净，然后用洗面奶仔细清洗额头、下巴、耳朵周围，也能缓解青春痘。特别要注意用清水多冲洗几次。洗净后用毛巾擦脸或者使用含粗糙颗粒的磨砂膏都会刺激皮肤。

如果要去医院治疗，根据青春痘的严重程度，医院会开不同的口服药和外用药。这时可能会用到抗生素和皮脂分泌调节剂，这些药物可能存在一定的副作用，必须要详细咨询医生。此外，还有激光治疗、化学剥脱术、针清治疗、注射治疗等方法。

毛发

　　青春期另一个让我们感到困惑的变化与毛发有关。
仔细观察我们的身体，不仅有显眼的头发和眉毛，皮肤
上还长着许多绒毛。到了青春期，身上的绒毛就会变
粗，原本光滑的腋下和生殖器官周围也会开始长毛。

　　为什么连这种部位也会长毛呢？腋下和生殖器官上
的毛到底有什么用？但正如我之前反复说的那样，没有
无缘无故的变化，我们的身体朝着对我们来说最有利的
方向进化，身体的各个部位都有各自的用途。来看看这
些毛发到底有什么作用吧。

毛发的作用

眉毛和睫毛这类纤细的毛发可以防止灰尘和水进入眼睛里，腋下和生殖器官上的毛发也一样。如果没有腋毛，活动胳膊时腋下的皮肤可能会因为摩擦而受损。另外，腋毛可以很好地分散汗液和皮脂，起到通风的作用。生殖器官上的阴毛可以防止细菌或异物进入阴道，并温暖地包裹生殖器官。

一定要脱毛吗

现在是不是觉得自己身上的毛发看起来很自然？当然，也有人想拥有没有毛发的光滑皮肤，特别是现在社会普遍认为女性应该剃掉腋下及腿上的毛。其实，脱毛只是个人选择，不是女性应该履行的义务。如果自己不愿意，就算不脱毛也没有任何问题。

脱了毛，皮肤看起来很光滑，但皮肤也会变得很脆弱，要更加注意保湿和保护。

怎样脱毛

可以用脱毛膏、刮毛刀等工具脱毛，也可以选择热蜡脱毛、修剪术、激光脱毛等方法。使用不卫生的刮毛刀或去不卫生的美容机构进行脱毛，可能会引起皮肤问题，一定要注意。

如果选择自己在家里脱毛，最好洗完澡再做，因为这时需要脱毛的部位的毛孔因湿气和热气而打开了，脱毛时对皮肤的刺激较小。准备干净的刮毛刀，在需要脱毛的部位涂抹脱毛膏。为了避免被刀片划伤或刺激皮肤，刮毛时不要太用力，顺着毛发生长的方向刮就可以。为了刮得更干净，很多人会逆着毛发生长的方向刮毛，这样会使毛发的断面埋在皮肤里，导致毛发在皮肤内生长。

脱毛膏会破坏蛋白质结构，溶解毛发。脱毛膏对皮肤有刺激性，可能会引起过敏反应，所以只适合用在胳膊或腿部等不太敏感的部位。第一次使用的时候先少量涂抹，确定是否有不良反应。阴部和肛门周围的毛发不能拔掉或使用脱毛膏去除，因为黏膜周围的皮肤非常敏感。

如果想做激光脱毛，一定要去正规医院的皮肤科或找整形外科的专业医生。

修剪术是什么？
指用剪刀将毛发修剪到0.5~1厘米长的修剪技术。请注意，与皮肤接触的工具必须彻底消毒。

多毛症

有些女性也会像男性一样下巴、人中、胸部、腹部等部位长毛，这被称为"多毛症"，是雄激素过多、对雄激素敏感或有家族病史时会出现的症状。

当然，虽然个体存在差异，但患多囊卵巢综合征或肾上腺功能异常时也有可能出现这种症状。这种情况可能会引发月经不调、高血压、糖尿病等疾病。如果你觉得自己的毛发过多，请先确认自己的健康状况，出现异常时请去医院就诊。

我身体的毛发由我支配

　　某部爱情电影里有这样一个场面：一个男人偶然看到了女朋友的腋毛，吓了一跳。他本以为女朋友腋下非常光滑，没想到竟然长满了毛发。但这时他的女朋友丝毫没有害羞的神色，反而带着失望的表情对男人说："在阿拉斯加，女人从来不刮毛。"

　　最近，全世界很多女性都在社交媒体上传了自己的腋毛照片，一些很有名的女艺人也参与了。某著名体育用品品牌还展示了露出腋毛的模特儿画报。世界对女性腋毛的认识正在发生改变。

　　正如前文所说的，腋毛或腿毛可以保留，也可以刮去，只要按照自己的想法选择就可以，这只是个人喜好。"女人的皮肤必须很光滑"这种不合理且陈旧的固定观念应当被果断摒弃，自己身体的毛发由自己支配。请记住"我身体的主人是我"这个事实。

生殖器官

　　生殖器官是青春期变化极大的身体部位之一，也是我们为了一生的性健康需要充分了解的部位。虽然对生殖器官很好奇，但我们想提问时总是很犹豫，而且周围的人也不会痛快地告诉我们这些。每当谈及生殖器官，总觉得自己会被看成奇怪的孩子，所以会看别人的脸色。其实，谈论生殖器官绝对不是什么奇怪的事或需要看脸色的事。生殖器官大部分藏在体内，不太显眼，所以很神秘。人们之所以对这个话题避而不谈、感到尴尬，并不是因为它是一件不好的事，而是因为不太清楚。如果一直不太清楚，很容易影响身体健康。误解性健康，将来可能会受到很大的冲击。我们要成为了解自己身体和生殖器官的健康女性！

外生殖器官

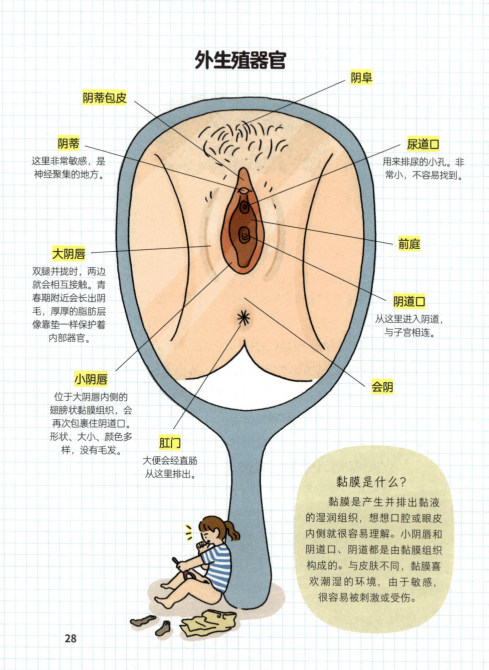

阴蒂包皮

阴阜

阴蒂
这里非常敏感，是神经聚集的地方。

尿道口
用来排尿的小孔。非常小，不容易找到。

前庭

大阴唇
双腿并拢时，两边就会相互接触。青春期附近会长出阴毛，厚厚的脂肪层像靠垫一样保护着内部器官。

阴道口
从这里进入阴道，与子宫相连。

小阴唇
位于大阴唇内侧的翅膀状黏膜组织，会再次包裹住阴道口。形状、大小、颜色多样，没有毛发。

会阴

肛门
大便会经直肠从这里排出。

黏膜是什么？
黏膜是产生并排出黏液的湿润组织，想想口腔或眼皮内侧就很容易理解。小阴唇和阴道口、阴道都是由黏膜组织构成的。与皮肤不同，黏膜喜欢潮湿的环境，由于敏感，很容易被刺激或受伤。

如何查看肚脐下方的生殖器官

如果你从来没看过自己的生殖器官，可以洗完澡仔细观察一下。坐在马桶上或浴缸里，用小镜子看就可以。也可以把镜子放在地上，跨蹲在上方看。如果不知道自己的生殖器官长什么样，平时那里不舒服或疼痛的时候，就不知道哪里有问题、出了什么问题。

在接受阴部治疗时，需要坐在特别的椅子上，坐下后椅子会向上抬起，使双腿张开，医生能够清晰地看到患者的阴部。是不是觉得非常尴尬？其实，对医生来说，这与观察眼睛或口腔没什么不同，所以不用担心。这时，为了观察阴道内部和子宫入口，医生还会插入名为"阴道镜"的器具。如果大家有将卫生棉条放入阴道中的经历，就可以进行阴道镜检查。如果没有这些经历，就可以不做。

叫出它的名字

刚开始可能会对生殖器官的名字感到陌生和尴尬。例如阴道和阴唇，总是用"这里""下面""那里""小宝贝""阴门"等名字来称呼，其中也包含带贬义的叫法。大家听过"男人有'小鸡鸡'，女人没有"这样的话吗？实际上，女人的阴蒂是与男人的阴茎功能相同的器官。明明女人也拥有这样的性器官，却一直被认为是没有的。从很久以前开始，女人的身体就被忽视了，没有被好好探究过，也没有被认真讨论过。

所以，我们先自己了解身体各部位的名字并叫出来怎么样？了解了生殖器官的名称，我们就能更珍惜自己的身体。

生殖器官形状多样

每个人生殖器官的形状、颜色和大小都不一样。无论是什么样子，都不会影响生理功能。而且，无论生殖器官是什么样子，它们本身都是美丽的，无论是朋友、恋人还是医生，谁都没有资格随意评判你的生殖器官外形。

青春期过后，随着年龄的增长，阴唇的颜色逐渐变深是很正常的现象。因为雌激素逐渐增加，会聚集更多黑色素。

如果没有特别的原因，却出现运动或久坐时刮伤或反复发炎、患膀胱炎

请停止女性割礼！

在非洲和伊斯兰国家的部分地区有一种叫作"割礼"的传统，即割除少女的部分生殖器官，给她们带来了极大的痛苦。这是一种认为女性的生殖器官只是为了生育而存在的错误观念导致的陋习。在环境不卫生、没有麻醉剂的情况下进行割礼，很多少女因出血过多或感染而丧命。人权活动家一直致力于批判这个陋习，并呼吁废除它。得益于此，越来越多的国家颁布了禁止割礼的法律。

"无论生殖器官样子如何，都是自然的！"

或尿道炎等情况，一定要咨询医生。

能够让人获得快乐的器官——阴蒂

你听说过关于阴蒂的事情吗？其实，我是进入医科大学后才知道阴蒂的，不过也只是学了名字。在漫长的岁月里，阴蒂并没有被人们熟知。

在胎儿初期，女性胚胎和男性胚胎长得一模一样。到了怀孕12周左右时，一模一样的生殖结节开始慢慢长大，女性发育为阴蒂，男性发育为阴茎。

阴茎向外突出，而阴蒂藏在阴部中。我们能看到的豆粒大小

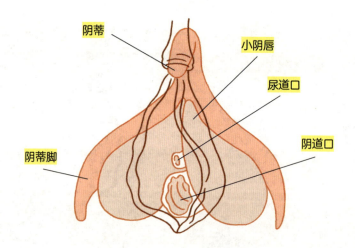

阴蒂　　　　　　　　小阴唇

　　　　　　　　　　尿道口

阴蒂脚　　　　　　　阴道口

的部分实际上相当于男性阴茎的阴茎头部分，后面隐藏着一条长长的阴蒂脚，沿小阴唇后部向两侧分开。

阴蒂是一个能让人获得快乐的器官，这是我们目前已知的它的唯一生理功能。这个小小的组织里有八千多个神经末梢。这个部位非常敏感，小心触摸的话会有很好的感觉。如果触碰不当，可能会疼。

内生殖器官

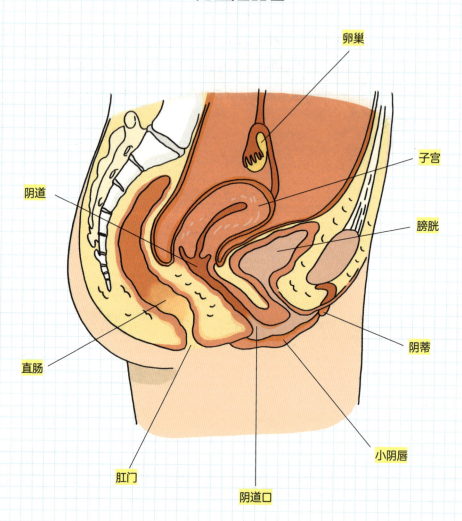

卵巢

子宫

膀胱

阴道

阴蒂

直肠

小阴唇

肛门

阴道口

子宫

子宫一般和成年人握紧的拳头一样大。子宫最内侧覆盖着叫作子宫内膜的柔软组织，外面包裹着肌肉层。根据激素周期，子宫内膜会在每个月的一段时间内脱落，这就是月经。怀孕后，子宫内膜可以保护胎儿并提供营养成分，子宫的整体容积最多可增加到4.5升。

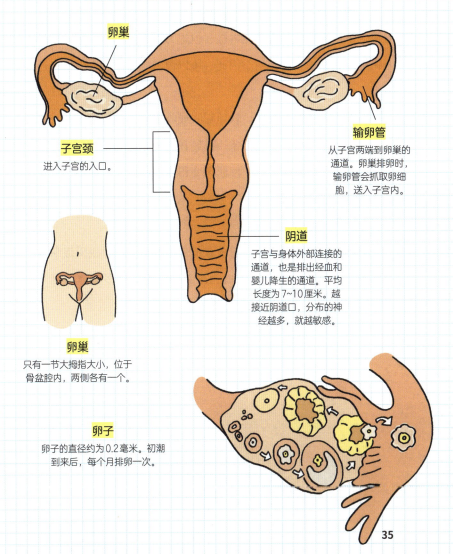

卵巢

输卵管

从子宫两端到卵巢的通道。卵巢排卵时，输卵管会抓取卵细胞，送入子宫内。

子宫颈

进入子宫的入口。

阴道

子宫与身体外部连接的通道，也是排出经血和婴儿降生的通道。平均长度为7~10厘米。越接近阴道口，分布的神经越多，就越敏感。

卵巢

只有一节大拇指大小，位于骨盆腔内，两侧各有一个。

卵子

卵子的直径约为0.2毫米。初潮到来后，每个月排卵一次。

阴道，比刀更强大的"刀鞘"

阴道在英语里叫作vagina，这个英语单词出自拉丁语"刀鞘"一词。古人把男性的生殖器官看作刀，女性的生殖器官看作刀鞘，虽然这种认知有点儿古板，但连刀都无法刺穿刀鞘，而且刀鞘能起到保护刀的作用。因此，可以说刀鞘在某些方面比刀还强大。

阴道很有弹性，可以柔软地膨胀或收缩。平时被挤得几乎缩在一起，但是当放入卫生棉条、月经杯时就会变得很松弛。特别是在怀孕期间，身体会产生使肌肉变得柔软的激素，使得头部直径达10厘米的婴儿都可以顺利通过，甚至在分娩一周后就能恢复到怀孕前的状态。

阴道黏膜对伤口和外部刺激有很强的抵抗力。形成阴道黏膜的细胞每96小时再生一次，成为全新的细胞，更多具体内容见本书第39页"阴道分泌物"一节。

对阴道瓣的误解

阴道瓣是部分堵塞阴道口的一层薄薄的黏膜组织。进入青春期之前，它可以防止杂质进入阴道；进入青春期，小阴唇和大阴唇的脂肪、阴毛会代替它发挥作用，它就变得不重要了。它的形状和厚度因人而异，大部分女性都有，但也存在一些天生没有阴道瓣或阴道口被堵住的女性。

人们常说："第一次性交时，阴道瓣会破裂或被撕裂。"其实，这是一个完全错误的说法。如果阴道口完全被黏膜堵住，怎么可能排出经血呢？阴道瓣在日常生活中可能会逐渐撕裂或拉长，可能会通过性交拉长，也有可能发生了性生活却没有撕裂，一直保持原状。

本书特意使用了"阴道瓣"一词，而没有使用它的另一个常见叫法"处女膜"。其实，"处女膜"这个叫法是有问题的，韩国国立国语院编写的《标准国语大辞典》中"处女膜"一词的解释为"部分封闭处女阴道口的膜状皱褶，破裂了不会再生"。这个解释不仅内容错误，而且是一种用身体的一部分来判断女性是否为处女或是否纯洁的旧时代固定观念。最近出现了使用"阴道口褶皱""阴道瓣"等叫法的趋势。

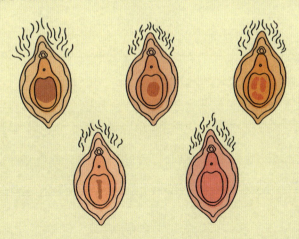

听说有处女膜修复手术，阴道瓣有那么重要吗？

　　受前面提到的错误说法的影响，社会普遍认为阴道瓣很珍贵，这在某些方面会让女性感到痛苦。例如，以不能破坏阴道瓣为由，禁止少女使用卫生棉条或月经杯等月经用品，或者要求性交过的女性在结婚前接受处女膜修复手术。

　　甚至部分遭受强奸的儿童或青少年也认为，因为处女膜被破坏了，一切都无法挽回，所以自己的身体被毁了。加害者虽然可以侵害他人的身体，但是无法剥夺受害者的尊严和人格。即使不可避免地成了暴力的受害者，身心受到伤害，但只要身心依旧坦荡，伤口是会愈合的。

　　不要被认为女性必须纯洁并以此强迫女性的错误观念左右，自己的身体并不是因为纯洁或被他人爱而珍贵，而是因为是"我"的身体，所以珍贵。

阴道分泌物

　　"内裤上总沾着脏兮兮的东西，怎样才能让这些东西消失呢？"这是我在妇产科出诊时经常被问到的问题。特别是刚进入青春期的少女，看到内裤上沾着的白色或浅黄色分泌物可能会惊慌失措。这些分泌物有时还会散发异味，让人更加在意。

　　其实，内裤上沾着的分泌物意味着我们正在经历健康的青春期，根本不必担心。令人感觉不舒服的分泌物实际上起着非常重要的作用。前面我们谈论过阴道是一个既重要又酷的器官，这些分泌物产自阴道，肯定有重要的作用。

守护阴道的白带

女性从青春期开始出现的分泌物叫作白带，是阴道内排出的液体，包含宫颈分泌的黏液、阴道黏膜的渗出物、子宫和阴道脱落的表皮细胞，以及少量的白细胞和非致病性阴道杆菌等。就像死细胞从皮肤上脱落一样，阴道黏膜细胞也会脱落，然后再生。而且，黏膜会分泌水，以保持湿润的状态。可以想想流眼泪或流鼻涕的感觉，相当于一直排出分泌物进行清洗，避免异物或病菌从外部进入体内。

由于每天会分泌1~4毫升阴道分泌物，内裤上稍微沾点儿分泌物是非常正常的。如果分泌量太大，连外裤都浸湿了，可以使用护垫。如果还是觉得不舒服，就试着想象一下嘴里一点儿口水都没有的那种干巴巴的感觉，是不是觉得又干涩又疼？

白带的黏性和颜色会随着月经周期而变化。排卵期前会出现很稀的黏液或类似蛋清的分泌物，临近月经期就会出现黏稠的分泌物。

我体内的细菌

阴道分泌物的一个重要成分是常居菌。常居菌是人体中持久存在的固有寄居菌，包括乳酸杆菌在内的多种此类细菌都生活在阴道内。每个人体内的细菌种类各不相同。没必要因为阴道内竟然有细菌而感到害怕，其实我们的皮肤上、口腔及肠道内存在的细菌只是停留在那里，而且可能对我们的身体有好处。

不过，说起乳酸杆菌，你可能会问，是那种把牛奶做成酸奶要用到的乳酸菌吗？其实，乳酸杆菌的种类超过180种。我们可以把制作奶酪和酸奶要用到的乳酸菌和生活在阴道内的乳酸杆菌看作"表亲"。

乳酸杆菌能分解从阴道壁上脱落的细胞中的糖原，产生乳酸。这种乳酸能让阴道内维持酸性，使有害细菌无法生长。由于是乳酸杆菌产生的乳酸，所以白带有一股酸酸的气味。除此之外，乳酸杆菌还直接产生能够抵抗细菌的物质。由此可见，我们和体内的细菌其实存在互相帮助、共同生活的共生关系。

酸性和碱性

物质的pH值越低越偏酸性，pH值越高越偏碱性。盐酸的pH值是2，清水是7，肥皂是12。男性精液的pH值约为7~8，呈弱碱性。平时阴道内的pH值约为3.5~4.5，呈弱酸性平衡状态，月经期间会流出pH值约为7.4的弱碱性血液，打破原本的平衡状态，所以来月经时阴道更容易发痒、发炎。

阴道洗剂

我们的身体基本上是可以自净的，阴道也一样，没必要把手伸进阴道里清洗或放入药物清洗，用流动的水清洗阴道口和阴部即可。使用呈碱性的肥皂会使生活在阴道内的乳酸杆菌的酸性减弱，反而容易滋生有害细菌。清水呈中性，如果洗得太频繁，也会使乳酸杆菌的酸性减弱。

但是，阴道洗剂广告给人的感觉是"不使用阴道洗剂就会出大事"，令人感到不安。这就让我们将身体自然、正常的反应看作肮脏且必须消除的不正常现象。因此，甚至出现了往阴道或卫生巾上喷香水而引发炎症的事例。一定要记住，散发花果香的阴部并不健康。

阴部的黏膜表面比其他部位的皮肤脆弱很多倍，而且很容易吸收化学物质。因此，最好不要使用化学产品清洗，只用清水轻轻地洗就可以。

健康阴道检查清单

偶尔感觉阴道分泌物的颜色或气味不对劲时，可能会感到不安。如果出现了以下四种情况，请及时去医院就诊。

白带状况检查清单

散发出类似鱼腥味的臭味。

有瘙痒的症状。

白带呈深黄色或绿色，像脓液一样。

出现很多像豆腐渣一样的分泌物，而且很痒。

虽然一般不需要使用阴道洗剂，但肯定有人想用，那么一定要牢记以下几件事。

阴道洗剂检查清单

"阴道洗剂"这个说法是完全错误的，一般情况下最好不要清洗阴道。

不要在生殖器官附近使用体香剂（喷雾、粉末）。

阴部最好保持弱酸性（pH值为5.3~5.6），请使用弱酸性产品。

请避免使用写有"美白、消炎、预防阴道炎、缩短经期时长"等字样的产品。

阴道洗剂不是医药用品，属于化妆品，这些说法都是夸张的广告。

请使用无香味的产品。

月经后有时会出现褐色白带，颜色太深了，所以很担心。

🍀　　无论是褐色还是黑色的白带，简单来说，它们都是不新鲜的血。阴道黏膜上有很多大大小小的褶皱。月经结束了，藏在褶皱间的月经血也会和白带一起排出。使用卫生棉条或月经杯的话，阴道内残留的血会少一些，也能更快地排出残留的血。但如果在非经期出现不正常出血（不定期出血）现象，请到医院就诊。

听说擦拭肛门的习惯对阴道卫生也很重要。

🍀　　没错。肛门距离阴道口、尿道口很近，擦拭肛门时，从后面向前擦或前后反复擦会导致粪便残渣或有害细菌进入阴道或尿道，从而引发阴道炎或尿道炎。一定要养成从前向后擦拭肛门的习惯。

每次买内裤时都不知道该买什么材质的。内裤的材质会影响阴道健康吗？

🍀　　我们身体里的淋巴系统能够清除血液中的异物。炎症细胞或癌细胞会通过淋巴管移动，淋巴细胞聚集的地方叫作淋巴结。腹股沟处主要聚集了从腿部移动上来的淋巴。
　　如果穿太紧的紧身裤或三角内裤，腹股沟处的血液和淋巴循环就会不畅，腿很容易浮肿，而且淋巴结会出现炎症或产生脓包。蕾丝或尼龙材质的内裤不易吸汗、不透气，而且可能会引起过敏。最好穿宽松舒适的棉质内裤或不压迫腹股沟的四角内裤（平角裤）。

月经

　　每个女性每月都会经历一件短则两天、长则一周的事，人们会隐晦地将它称为"那个"或"大姨妈"，其实它就是月经。不了解月经的人经常简单地认为"只是一个月出一次血而已"。其实，可能的话，女性也希望月经期能这么轻松地度过，然而并没有那么容易。

　　月经是一件令人害羞、习惯被女性隐瞒的非常重要的事情。月经期在女性的一生中占据了相当长的时间。按一次月经持续5天，一共来40年算，那么在女性的一生中，月经期一共占据了6年半的时间，即女性一生中有6年半的时间阴道在流血。既然如此，你现在不想好好地了解一下它吗？

月经周期

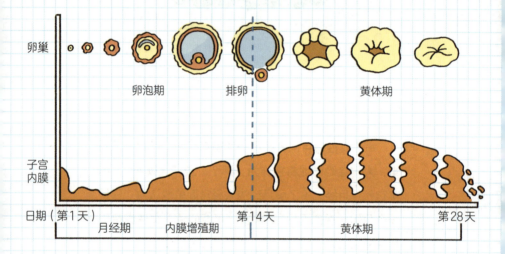

卵巢

卵泡期　　　排卵　　　　黄体期

子宫
内膜

日期（第1天）　　　　　　　第14天　　　　　　　　　第28天

月经期　　内膜增殖期　　　　　黄体期

卵泡期

卵泡内含有卵子，卵子在卵泡中发
育。随着卵泡的生长，雌激素会逐
渐增多，刺激子宫内膜，使之变厚。

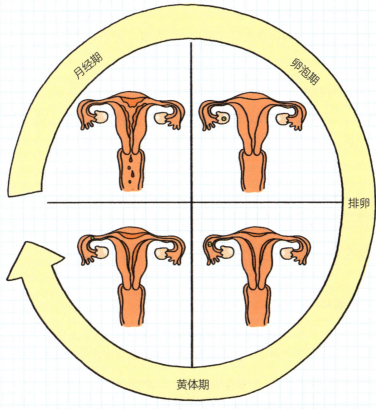

月经期

卵泡期

排卵

黄体期

排卵之后

卵子从卵巢排出后可以在体内存活
24~48小时，如果期间和精子结合，
就会形成受精卵；如果没有和精子
结合，卵子就会慢慢死亡。

排卵后的黄体期

卵泡成长到一定程度时会破裂，卵
子就会排出，这就是"排卵"。卵子
通过输卵管移动到子宫内，排出
卵子后卵泡会变皱，形成黄体，产生
使子宫内膜成熟的激素——孕酮。

经期身体的变化

经期的激素变化不仅会引起子宫和卵巢的变化，还会引起全身的变化。这种变化因人而异，有些人以一个月为周期，能够很明显地感受到身体状态的变化，有些人则毫无感觉。

月经期

月经期会分泌导致痛经的前列腺素，身体会比平时浮肿，还可能会引发腹泻。

卵泡期

分泌雌激素会使皮肤变光滑，头发有光泽，这个时期注意力也会变得更加集中。

黄体期

如果孕酮分泌过多，身体会浮肿，导致消化不良，肚子鼓鼓的，心情也会不稳定。这些症状严重到影响日常生活的情况被称为"经前期综合征"，最好咨询医生，寻求帮助。

正常的月经

很多人好奇自己的月经周期、持续时间、月经量和颜色是否正常。当然，这些因素都存在个体差异，下面来看看正常的范围。

周期

从月经第一天到下次月经第一天的间隔时间是一个周期，平均周期为28天，但每个人的情况有所不同。如果周期在21天到35天之间，就很正常，不必担心。如果比21天短或者比35天长，就有必要咨询医生。不过，青春期开始时，激素分泌的水平不稳定，月经周期很容易不规律。在初潮后的一年内，即使月经周期不规律也不用太担心。

持续时间

一次月经的持续时间一般是2~7天。如果持续时间太长，就需要去医院。

月经量

月经量一般为平均一天30毫升左右。如果月经量多到需要每小时更换一次卫生巾，就要去医院检查。

养成记录月经周期的习惯

如果去医院就诊，医生基本都会问最近一次月经的开始日期，如果没有特意记录下来，可能会记不住，也无法掌握自己的月经周期。记录月经周期的话，不仅可以预测下次月经的开始日期，还可以知道什么时候去旅行或游泳比较好、什么时候更有可能怀孕、什么时候胸部会肿胀、什么时候体重会增加。而且，月经周期极不规律的时候最好去医院就诊，养成记录月经周期的习惯的话，和医生沟通会更方便。

很多手机应用程序有这样的功能：只要输入月经开始日期，就可以计算周期，甚至可以预测排卵日期。每个人需求的功能都不一样，找一找最适合自己的应用程序吧。

粉色日记
分为避孕、怀孕、备孕三种模式，非常实用，里面还有妇产科专家亲自回答问题的部分。

Clue
可以对经前期综合征、头痛、心情变化等的周期进行具体记录和管理。许多医生推荐使用这款应用程序，它能准确地预测周期。

Period Tracker
不仅可以记录月经周期，还可以根据经期前后记录的症状或心情进行归纳整理，是一款非常适合女性的应用软件。

颜色

很多人认为黑色的月经是死血，红色的月经是健康的血，其实并非如此。如果月经量少，排出的速度就会变慢，血液在阴道中长时间停留，氧化后就变黑了；如果月经量多，自然就会马上排出来，所以是红色的。不过，如果排出了过多鲜血，最好去医院就诊。

计算易孕期

如果月经周期很规律，就可以计算易孕期。

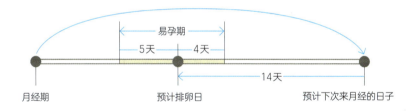

月经周期为 28 天时

假设 1 月 1 日本次月经开始，预计 1 月 29 日下次月经开始，下次月经 14 天前的 1 月 15 日为排卵日，即 1 月 10 日至 19 日为易孕期。

月经周期为 35 天时

假设1月1日本次月经开始，预计2月5日下次月经开始，下次月经14天前的1月22日是排卵日，即1月17日至26日为易孕期。

很多女性的月经周期不太规律。周期越不规律，计算易孕期的方法就越复杂。这时需要回想过去6个月的月经周期，将最短的周期减去18天，最长的周期减去11天，以此计算易孕期。例如，假设最短的周期为28天，则28-18=10；假设最长的周期为30天，则30-11=19，那么本次月经的第10~19天属于易孕期。

再举一个具体的例子。假如某位女性来月经的日子分别为1月20日、2月18日、3月18日、4月16日、5月12日、6月9日、7月9日，每次月经持续7天，那么7月她的易孕期是什么时候呢？根据记录，可以算出她的月经周期分别为29日、28日、29日、26日、28日、30日，最短的周期为26天，26-18=8；最长的周期为30天，30-11=19。7月从9日开

有关月经的陋习

以前，很多人害怕或崇拜女性拥有周期性流血却不会因此死亡的身体。现在，部分地区的人甚至认为来月经的女性不干净，把她们关在远离村庄的小屋里。如果去海外旅行，说不定会见到一些公司不允许正在来月经的女性进入的现象。这些都是错误的认知导致的陋习。

始来月经的话，第8~19天就是易孕期，即7月的易孕期是7月16日~27日。

选择月经用品

从初潮开始，女性每个月都要使用月经用品。虽然有点儿麻烦，会增加负担，但这是为了身体的卫生和安全必须做的事，一定要特别注意。月经用品种类繁多，有众所周知的一次性卫生巾、可水洗棉布卫生巾、卫生棉条、月经杯等，只要从中找到最适合自己的产品使用即可。

一次性卫生巾

这是一种贴在内裤上的长方形垫子，有普通型和护翼型，可以根据自己的需求选择合适的大小和形状。

虽然使用一次性卫生巾简单、方便，但卫生巾含有合成表面活性剂、漂白剂、人工香料等各种化学物质，人体接触卫

卫生巾援助

在中国，越来越多的公共场所开始提供卫生巾了。例如，一些公共场所在卫生间里设置了卫生巾自动售货机。自2020年起，不少高校学生自发在校内设置"卫生巾互助盒"，开展"拒绝月经羞耻"活动。还有一些公益组织会定期为经济欠发达地区的女性赠送卫生巾和其他卫生用品。

生巾的阴部皮肤表皮很薄，容易吸收有害物质。如果阴部皮肤敏感或黏膜免疫力差，很容易对一次性卫生巾中的化学物质产生过敏反应，而且黏膜比皮肤更容易吸收化学物质。

如果选择使用一次性卫生巾，在购买卫生巾时请仔细确认其含有哪些成分。如果阴部皮肤经常浮肿或出现异常，请使用不含人工香料的卫生巾。每隔4小时至少更换一次。如果频繁更换，接触的化学物质就会变多；如果长时间不换，皮肤就会变得潮湿，导致皮肤湿疹或细菌增殖引发的皮肤问题。

可水洗棉布卫生巾

这是一种棉制的卫生巾，洗过可以再次使用。适合皮肤敏感、担心经血气味很浓或痛经非常严重的女性。这种卫生巾透气性好，不易闷汗，对皮肤的刺激小，而且几乎不会散发气味。

清洗时，要先用凉水冲洗上面的血迹，然后用凉水浸泡5~6个小时，再用手搓洗或者放进洗衣机里清洗。由于经血接触热水后可能会迅速凝固，导致无法洗掉，所以一定要用凉水洗。即使留下了一点儿污渍，只要洗干净，晾干，再次使用就没有任何问题。如果想保持干净，可以用加入小苏打和洗衣液的水煮。不过，煮太久可能会导致卫生巾的寿命缩短。将洗好的卫生巾放在阳光下晒干，可以进行自然杀菌、消毒。

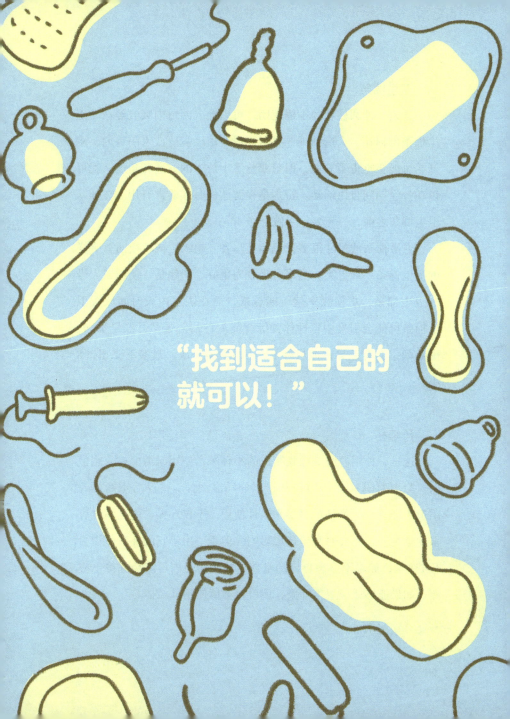

"找到适合自己的就可以！"

卫生棉条

这是一种圆柱状的小棉花团，可以插入阴道内吸收经血。卫生棉条由棉花、人造纤维等材料制成。由于需要放入阴道内，刚开始可能会觉得不方便，但只要熟悉了放入的方向和角度，就可以在月经期间自由活动。特别是在游泳的时候非常有用。在插入卫生棉条之前，一定要把手洗干净。

卫生棉条的尺寸很多，包装上写着"超级"或"夜间"字样的卫生棉条一般更大、更厚、吸收力更好。问题是，使用越大号的卫生棉条，更换频率就可能越低，而在阴道内长时间放置卫生棉条可能会引发中毒性休克综合征（TSS）。虽然月经量不同，更换频率会有差异，但最好4~6小时更换一次，最多不要超过8小时。

月经杯

这是一种用硅胶或橡胶制成的小杯子，使用时需要放入阴道内。只要每隔8~12小时把杯子里的经血倒掉，洗净后重新放入阴道内即可。月经杯可以半永久性使用，不仅环保，而且不含有害化学物质，不会对身体造成影响。但是，由于它的杯口直径为3~4厘米，如果不熟悉自己的身体，放入阴道内可能会觉得不方便。如果能够适应卫生棉条，就可以尝试使用月经杯。

和使用卫生棉条时一样，在放入月经杯前，要将手洗干净。即使做不到每次清洗月经杯时进行消毒，也不要忘记在每次经期结束时用开水消毒。

月经内裤

这是一种能够吸收经血的功能性内裤。穿月经内裤时，不必另外使用卫生巾，既方便又不容易让经血从两侧漏出。月经内裤最大的优点是不会产生多余的垃圾，既环保又经济。吸收量不同的月经内裤的厚度和设计也不同。可以根据在量多的时候穿或在睡觉的时候穿等不同情况，选择不同的月经内裤。但月经量很多的话，可能会侧漏，所以每隔4~8小时换一次比较好。

一般以"卫生内裤"的名义出售的薄内裤不同于月经内裤，它使用的是防水材料，可以防止经血漏出，但不能吸收经血，是一种需要搭配卫生棉条、卫生巾、月经杯等使用的辅助型内裤，购买时请注意不要弄混。

月经用品的使用方法

如果掌握了各类月经用品的使用方法，就不会感到慌乱了。
一定要熟练掌握所有月经用品的使用方法哟！

一次性卫生巾

 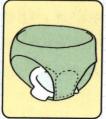  

①将卫生巾背面的塑料纸带揭下。

②将卫生巾贴在内裤内侧。

③如果是护翼型卫生巾，需要将护翼部分向外折叠，贴在内裤外侧并固定好。

④将用过的卫生巾卷起来，再用卫生纸或卫生巾包装纸包好，扔进垃圾桶里（绝对不可以扔进马桶里）。

可水洗棉布卫生巾

①将卫生巾背面贴在内裤内侧，将护翼部分向下折叠，用扣子固定好。

②外出期间需要更换时，将用过的卫生巾卷起来，扣上扣子，放入包里，再换上干净的卫生巾。

③将血迹冲洗干净，浸泡在加了洗衣液的凉水里，然后用手搓洗或者放进洗衣机里清洗。

④在阳光下晒干。

卫生棉条

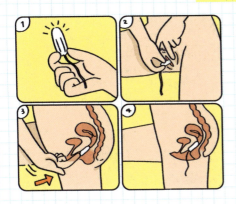

无导管式（只有棉团和线）

①将手洗净，抓住卫生棉条带线的那一端。

②用一只手轻轻扒开阴唇，露出阴道口，将卫生棉条推入。

③将卫生棉条向里推，推至两个指关节的深度。呈45°角斜着向上推入即可。

④正确地放入不会有异物感。

导管式

①将手洗净，保持导管未推入的状态。

②确认棉线的尾部在导管外。

③用一只手轻轻扒开阴唇，露出阴道口，将导管推入。

④呈45°角斜着向上推入即可，直到导管部分全部进入阴道。将导管推入后，卫生棉条就会顺利地进入阴道内。

⑤拔掉导管，注意不要把线抽出来。

★如果在使用过程中感到疼痛，可以稍微沾点儿婴儿油或润滑剂再用。

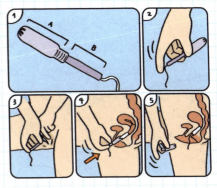

月经杯

①将手洗净。

②折叠月经杯。

③用一只手轻轻扒开阴唇，用另一只手将月经杯推入阴道内。呈45°角斜着向上推入即可。

④确认月经杯是否在阴道内恢复了原状。如果没有完全恢复，经血就会漏出来。抓住月经杯的尾部轻轻移动，或者像排便一样用力，再放松，来回试几次，调整位置。

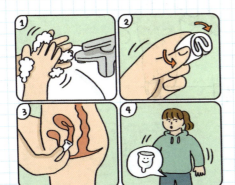

月经 = 怀孕?
选择来月经和怀孕的权利

　　来月经代表女性的身体具备了生殖能力。"因为女性会来月经,所以要生孩子"这句话和"有声带的人都得成为歌手"没什么两样。我们的祖母或曾祖母可能都生了很多孩子,但如今,很多人只生一两个孩子或者干脆不生孩子。因为现在与以前不同,女性可以自由选择是否结婚或生育,各种避孕方法也广为人知。女性愿意来月经就来,这一切都得益于科学和人权的发展。

经前期综合征与痛经

什么？每个月都要流血这件事已经很折磨人了，居然还会疼？在还没开始来月经时，听到关于经前期综合征或痛经的事，我们也许会感到害怕，甚至还会莫名感到委屈。实际上，很多女性在经期前或月经期间都会出现各种伴随疼痛的身体症状或情绪方面的症状。

经前期综合征和痛经的程度因人而异，严重时可能会被视为疾病。特别是经期前出现严重的无力感或情绪起伏的人很容易认为"是不是我的性格有什么问题"，其实这不是性格问题，而是激素变化引起的症状。这些症状是可以缓解的，接下来会具体说明缓解症状的方法。

经前期综合征

据说70%~80%的女性在经期前会经历乳房胀痛、腹部很胀、头痛等一种以上的症状。其中约三分之一的人症状很严重，每个月都会反复经历这些症状，日常生活受到影响，这被称为"经前期综合征"。如果出现极度易怒、焦虑或抑郁的现象，则被称为"经前焦虑症"。如果影响了生活，可以去医院就诊，也可以根据下面的内容思考一下。

如果某个月感到特别累，请仔细回想那个月发生了什么事，例如是否因为考试或与朋友的矛盾承受了很大的压力、是否经常吃快餐等。经期前的症状是我们的身体给自己发送的信号和警告，告诉我们"这些以后要注意""现在该休息了"等信息。一定要学会倾听身体的话，寻找适合自己的生活习惯。

痛经

临近经期时身体会发出一些信号，例如身体浮肿、胸部肿胀或疼痛、食欲发生变化等。通常来说，痛经是在将脱落的子宫内膜排出体外的过程中，由于子宫受到挤压而产生的疼痛。疼痛部位主要是小腹，具体情况因人而异。

经前期综合征和痛经都是很自然的症状，但如果疼痛严重或情绪起伏过大，影响了日常生活，请向家长或医生求助。

止痛药

经前期综合征和痛经严重时，可以通过吃止痛药来缓解。特别是对痛经来说，含有布洛芬、萘普生成分的止痛药很有用。一定要严格按照药品说明书服用。如果已经感到疼痛才服用，药效需要较长时间才会显现，因此提前服用比较好。

医院开的止痛药有很多种，如果一个周期内就吃完了一整盒药，或者吃了药也止不住疼痛，就要咨询医生。

韩国市面上可以买到的止痛药成分和特点如下。

名称	成分	注意事项	推荐用量
泰诺	对乙酰氨基酚	没有消炎作用，不推荐用于缓解痛经	1日4000毫克以内
布洛芬	布洛芬200毫克		一日3~4次，一次1~2粒
GNAL-N	布洛芬75毫克 咖啡因40毫克 丙戊酰脲[1]30毫克	有镇静作用，服用后可能会犯困	1日3次，1次2粒
GNAL-Q Tab	布洛芬75毫克 咖啡因40毫克 丙戊酰脲30毫克 氧化镁50毫克	含氧化镁，对缓解经前期综合征有帮助	1日3次，1次2粒
Penzal Lady Tab	布洛芬200毫克 帕玛溴50毫克 硅酸铝镁100毫克	帕玛溴是利尿剂，多用于缓解身体浮肿或乳房胀痛的症状。硅酸铝镁可以抑制胃酸分泌，可以防止胃痛	1日3次，1次1粒
Tak-Sen Eve Soft Cap EZN 6 Eve Soft Cap Priena Soft Cap	布洛芬200毫克 帕玛溴25毫克	帕玛溴是利尿剂，多用于缓解身体浮肿或乳房胀痛	1日3次，1次1粒
Carol-F Tab	精氨酸布洛芬200毫克	减轻肠胃负担	每4~6小时服用一次，1次1~2粒
EZN6 Strong Soft Cap Tak-Sen Soft Cap	萘普生250毫克		1日3次，1次1粒
EZN 6 Pro Soft Cap	右旋布洛芬300毫克		1日3次，1次1粒
Buscopan Plus止痛片	对乙酰氨基酚500毫克 东莨菪碱10毫克	含有解痉的作用，适合出现痉挛疼痛或腹泻时使用	1日3次，1次1~2粒

★ Geworin、散利痛-A中含异丙安替比林成分，可能会引发血液疾病或神经方面的疾病，所以不推荐。
★ 上表中的对乙酰氨基酚、布洛芬、右旋布洛芬、萘普生是止痛成分，止痛效果由弱到强依次为乙酰氨基酚、布洛芬、右旋布洛芬、萘普生。不过，止痛效果因人而异，要根据个人情况寻找适合自己的止痛成分和用量。

---

1. 一种麻醉性催眠镇静药物，可能会引发血小板减少性紫癜，目前除了日本产的止痛药，很少有止痛药含该成分。——编注

有利于缓解经前期综合征
和痛经的生活习惯

下面介绍一些能够缓解经前期综合征和痛经的代表性生活习惯。这些习惯并非对所有人都有效，可以参考以下内容，逐一尝试，寻找最适合自己的生活习惯。

有利于缓解经前期综合征的生活习惯

☐ 减少咸味食物的摄入量

☐ 适当休息，做有氧运动

☐ 摄取富含钙的食物（如奶制品）

☐ 减少咖啡因和酒精的摄入量

有利于缓解痛经的生活习惯

☐ 喝洋甘菊茶或薰衣草茶这类有助于缓解紧张情绪的花草茶

☐ 和喜欢的人拥抱

☐ 每天做伸展运动

☐ 用暖贴或暖水袋暖肚子

☐ 通过泡脚提高体温

☐ 吃脂肪含量低的食物、富含不饱和脂肪酸的坚果以及富含镁、维生素E、维生素C的食物

☐ 减少摄入能让血糖升高的食物

☐ 减少摄入精制碳水化合物（米饭、面条、白面包）

☐ 服用止痛药

偶尔不来月经也没关系吗?

🍀 　　月经的到来代表能够怀孕和生育。压力过大、营养不良或进行剧烈运动时,身体会认为"现在是危机状态",月经可能会推迟。1个月后,如果月经恢复了,就没关系。如果3个月以上不来月经或1年来月经的次数低于8次,一定要去医院就诊。

归根结底,月经就是从体内流出的不好的残渣吧?

🍀 　　可能是因为月经和尿液、粪便一样从体内排出,所以很多人认为月经是代谢物或残渣。因此,当子宫出现炎症或疾病,导致经血过多时,会认为是代谢物正在有效地排出体外,意识不到需要去医院;或者会由于痛经或为了避孕,在中断治疗时产生抗拒感。但正如前面所说的,月经只是一种正常的生理现象,其本身并无好坏之分。

初潮后会停止长个子吗?

🍀 　　我们人生中个子长得最快的时期是进入青春期到初潮来临之前的这段时期。初潮后平均还会再长高7厘米左右。虽然可以将15~16岁青少年的身高看作接近定型的身高,但是养成运动习惯的话,还有可能会长高,一定要坚持运动。

第二章

身体与性意识

性意识是指我们承认自己的性存在并接受它的方式，包括自己觉得自己是什么样的性存在、在与他人的关系中感受到的性情感和关系建立等内容。下面来看看我们的性与爱是如何在身体中产生并连接起来的。

性别认同
和性倾向

青少年时期是寻找自身认同感的时期。所谓认同感，是指认为自己是什么样的存在，简单来说，就和自我介绍差不多——"我是喜欢猫的人；我是和平主义者；我是我父母的二女儿；我是黄种人"。

其中，"性别认同"是指在性别层面如何看待自己。任何人都能感觉到自己是女性、男性或者处于两者之间。孩子出生后就会被判断是女性还是男性，并得到生物学上的性别认定，大多数人都会直接接受这个结果，但有些人不愿意接受，也有随着时间的推移改变想法的人。

性别指定和性别

看到刚出生的孩子，大人最先问的问题一定是"是女孩还是男孩"。孩子出生后，医生会检查孩子的阴部，有阴茎就是男性，有阴唇就是女性，这就是性别指定。根据性别指定办理出生证明后，孩子就会以女性或男性的身份被养育。

在养育孩子的过程中，可能会受到社会固有的性别观念的影响，例如给女孩买粉色衣服和玩偶，给男孩买蓝色衣服和机器人玩具。像这样，一个人把自己当作女性或男性，想以女性或男性的身份生存，不仅受生物学性别的影响，还受成长过程和社会习惯的影响，这就是性别。

什么决定了我们的性别

在生物学方面进行性别指定有多种标准。

染色体和基因

孩子从父母那里各得到一半的23对染色体中，最后一对是性染色体。如果这个性染色体是XX，孩子就是女性；如果是XY，孩子就是男性。妈妈体内的卵子只携带X染色体，爸爸体内的精子有X和Y两种染色体，它们结合后就会决定孩子是女性

性染色体和基因

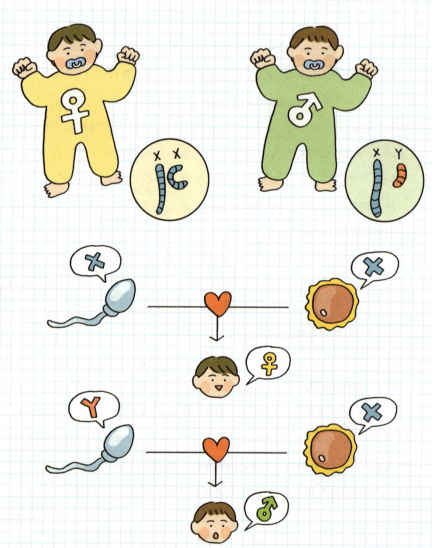

还是男性。

　　但是，在这个过程中，也会出现XO或XXY等组合，还有虽然是XX，但孩子出生时长着男性生殖器官的情况。这是因为比染色体更小的单位——基因——会更详细地决定性别。

外生殖器官和内生殖器官

　　从受精卵到怀孕12周期间，女性胚胎和男性胚胎长得一模一样。从同样的外形开始，通过多种基因的连续作用，逐渐形成外生殖器官和内生殖器官。还记得前面提到的"女人的阴蒂是与男人的阴茎功能相同的器官"这句话吗？生殖结节发育为阴茎的人是男性，发育为阴蒂的人是女性。

　　但是，如果基因先天变异，可能会导致出生时生殖器官形态模糊，或者同时有女性生殖器官和男性生殖器官，这叫作"间性人"。很多间性人小时候会由父母和医生决定一种性别。然而，如今越来越多的呼声表示，要充分思考自己的身体是什么状态、想用什么样的身体生活、青春期身体会发生什么变化，再做决定。

顺性别者和跨性别者

大部分人都是这样：以女性性别出生就把自己看作女性，以男性性别出生就把自己看作男性。像这样出生后法律赋予的性别和自己认为的性别相同的人被称为顺性别者。但是，一小部分人出生后的性别和自己认为的性别不同，他们被称为跨性别者。

在跨性别者中，有些人一生都会感受到这种性别差异，有些人则会在生活中暂时感受到差异。他们通过穿适合自己性别的衣服、化妆，或者通过激素治疗、手术来表达真正的自我。

顺性别者和跨性别者

顺性别者在英语中叫作"cisgender"，其中"cis"在拉丁语中是"相同""平行"的意思。跨性别者在英语中叫作"transgender"，"trans"在拉丁语中是"跨越""越过"的意思。

多样的性倾向

性倾向是指一个人从别人身上感受到吸引力或爱情，以及与之建立亲密关系和性关系的能力。大部分人认为只有女性和男性

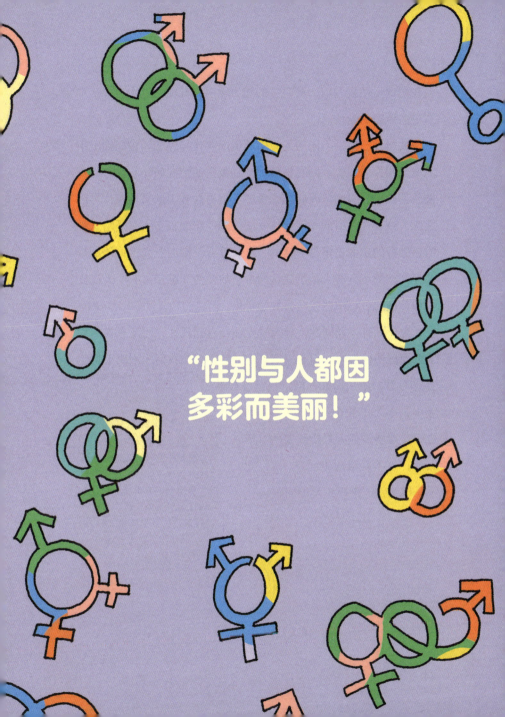

"性别与人都因
多彩而美丽！"

会在相遇后坠入爱河，被对方的魅力吸引，其实，这个世界上存在更多形态的爱情。

被与自己性别不同的人吸引的情况叫作异性恋，被同性吸引的情况叫作同性恋，同时被两种性别吸引的情况叫作双性恋，不被任何性别吸引的情况叫作无性恋。被男性吸引的男性叫作男同性恋，被女性吸引的女性叫作女同性恋。正如很多人对爱情这种情感进行的思考是多种多样的一样，具有性倾向意义的词语也是多种多样的。有些人很早就认同自己的爱情和欲望，有些人在成长和苦恼的过程中性倾向会发生变化。

为什么有人爱同性，有人爱异性？直到现在，还没有找到科学方面的明确解释。但有一点是肯定的，就像我们无法决定自己会成为黑人还是白人一样，自己会被谁吸引，不是单凭个人意志去选择的，也不是能够被他人强行改变的事情。因此，这不是谁对谁错的问题，也不是谁正常、谁不正常的问题。

性少数群体

性少数群体指性别认同方面属于非顺性别者，性倾向方面属于非异性恋，身体或基因上不能明确区别是女性还是男性的人群。多种多样的性少数群体也被称为"酷儿"。

当我意识到我是同性恋时，我感到非常混乱，于是向青少年咨询所进行咨询，咨询师建议我接受治疗。有没有什么能对我的苦恼产生共鸣，并提供更加专业的服务的咨询机构呢？

　　性倾向不是通过接受"治疗"或"矫正"就能改变的，要不断探索自己的内心世界，而不是被他人所改变。若只是由于与别人拥有不同的性倾向而感觉累，或者想知道如何让自己接受这一事实并快乐地生活，也可以向专家寻求帮助。理解性别是怎样在社会上形成的，能够尊重人们的多样性，尤其是对性别认同和性倾向多样性的态度被称为"社会性别敏感性"，这些会提出"接受治疗"建议的咨询师，他们的社会性别敏感性为零分。在韩国，可以向青少年性少数群体危机援助中心等机构寻求帮助。

矛盾

　　你们小时候读过名为《少女百科》的书吗？那是一套面向6~8岁女孩的儿童漫画，虽然不同出版社的版本内容略有不同，但大致是相似的，主要讲述社会对女孩们要求的行为规范，尤其是朋友关系中的态度。

　　书中主张的理想女孩的形象总是固定的，即被爱的女孩、人气高的女孩、谁都想亲近的女孩。如果想成为那样的女孩，就要一直微笑，亲切、热情、体贴地对待身边的人，才能结交更多朋友，得到所有人的喜爱。但是一直忍耐，女孩的内心真的没关系吗？人与人之间总会有摩擦和矛盾，怎么可能热情地对待所有事情呢？

被朋友包围的完美少女

我们都是从小受"要和朋友好好相处"这种教育长大的。人们评价外向型和社交型人群"具有很高的社会性"。在学校的休息时间或午餐时间，如果没有朋友结伴同行，就会感到被冷落或者觉得尴尬，也是因为习惯了这种固定观念。所以，即使偶尔因朋友感到伤心，也会因为害怕彼此疏远而装作没事。由于害怕孤独，担心没有人站在自己这一边，所以不敢轻易表露自己的想法和感情。

你有生气的时候对朋友说"我再也不和你玩了"这种经历吗？为什么那时候说的不是"其实我生你的气了"，而是"我再也不和你玩了"呢？如果真心想保持健康的友谊关系，就应该表露自己的感情，认真沟通，解决问题，不是吗？也许我们花了更多精力来避免破坏关系，而不是努力建立良好的关系。

间接解决问题会使事情变得更糟

当然，交朋友、提高社交能力这些事情是有价值且重要的，但是，社会过分地要求女性，特别是年轻女性要忍耐和包容。男孩之间大吵大闹、打架被认为是成长过程中普遍发生的现象，女孩之间发生肢体冲突却被认为是不正常的。奇怪的是，女性与他人发生身体碰撞被认为是"不像女性"的行为；女性之间发生意见冲突，经常会被嘲笑为"女人的敌人是女人"。

在这种氛围下，女性无法很好地学习表达自己的意见和感情以及应对矛盾，只能通过忍耐或沉默来表达自己的不开心，或者通过向别人诉说矛盾的方式来委婉地解决问题。这种方法虽然具有不直接和对方产生冲突的优点，但是通常会给所有人留下伤害。在互相不知道原因的情况下逐渐疏远、在亲近的人群中出现了只有自己不知道的秘密，或者出现了一些关于自己的负面谣言，这些可能都是没有直接解决矛盾导致的情况。

与其一味忍耐，不如吵个痛快

要记住，与他人的关系必然会出现矛盾或问题，让它们暴露出来并解决，这个过程本身就能巩固我们的内心和彼此之间的关系。为了获得爱以及让别人称赞自己性格好而一味忍让，这对自己的精神健康和让对方做出改变都没有好处。

要明确让自己生气的是什么，寻找解决方法，努力理解彼此的性格和背景。不要委婉地表达不满，而是要明确地表达自己的感情，理解对方的处境，寻找折中方案。对方说话的时候要花费时间和心思倾听，即使对方的意见和自己的想法不同，也要尊重对方。不只是在朋友关系方面，在与父母、恋人、老师、上司、同事以及子女的关系中，这些也是必不可少的。

恋爱

你现在正在和谁恋爱？或者正处于暧昧关系中吗？还是对恋爱没什么兴趣呢？有些人坠入爱河，发展恋爱关系，会感到幸福。有些人一生只爱一个人，也有些人同时对好几个人产生爱意。有些人因为陷入爱情，感到非常甜蜜、幸福，不谈恋爱就会感到空虚；也有些人对特定的某个人无法感受到爱情或者不想建立浪漫的恋爱关系。

你属于哪一种呢？无论是哪种都很好。如果想和某个人建立特别亲密的关系，就要思考什么是好的恋爱。如果想成为对对方来说独特的存在，分享好的感情，产生好的影响，就要记住以下事项。

《不羞耻的性教育》× 卫生巾女侠

□ □ □ □ □ □

结婚的准备阶段

有些书将"恋爱"描述为良好婚姻生活的准备阶段，理由是恋爱有助于制定选择配偶的标准，树立"异性观"。这个观念一半对，一半错。

我们可以通过恋爱了解自己会被什么样的人吸引或者想长期维持亲密关系需要克服什么问题等事情，但并不是所有恋爱的结局都是幸福的婚姻生活。即使不结婚，很多人也能和恋人过上幸福的生活。还有很多人的生活虽然和恋爱、结婚无关，但非常充实。

其实，和某个人确定特别亲密的关系是非常幸福的事情。如果身边有真心为我们加油的亲近的人、再大的秘密也能安心地对对方说的人、见面后能开心地一起做很多事情的人，我们的生活就会更加丰富多彩。但是，两个人想幸福的话，就要互相遵守一些原则。我不是在说谈恋爱的秘诀，而是为了让各位好好思考"好的恋爱应该以什么为基础"这个问题。

好的恋爱，危险的恋爱

擅长恋爱的人是什么样的人呢？好的恋爱是什么样的呢？相反，不好的恋爱又是什么样的呢？看看下面的内容，确认一下自己和恋人是否符合下面提到的几点。

故意伤害过自己或对方。

多次要求对方做不愿意做的性行为。

不顾及对方的感受。

在决定见面做什么时，经常听从一方的单方面意见。

害怕对方发脾气，所以小心翼翼的，避免让对方生气。

认为忌妒是爱的表现。

说一些无视或指责对方家人的话。

两人中有一人年纪更大或职务更高，另一个人很难提出反对意见。

将分手之类的话当作武器使用。

发生过非自愿的性交。

分手后，对方可能会将自己的私密照片或和自己有关的私密故事传到网上。

　　如果有符合的内容，就表明你和恋人的关系不健康。即使只符合部分内容，也有必要认真审视一下这段关系。你是否觉得是"自己不擅长谈恋爱"导致的？不健康的关系不代表恋爱不成熟。有人在新的恋爱关系中虽然下定决心绝不重蹈覆辙，但还是会遇到类似的情况；也有人虽然是第一次谈恋爱，但能够建立健康的关系。重要的是，不健康的恋爱关系基本上无法自然改变。

走出危险恋爱的方法

陷入危险的恋爱却无法走出的原因有很多，例如有些人害怕和恋人分手后独自生活；有些人深陷其中而无法看清前面提到的问题；还有些人虽然感觉到了危险信号，但是不知道该做什么，只能自责。也就是说，没有在对方身上寻找问题的根源，而是在自己身上找，甚至认为"是我没有说明原因吗""如果我做得更好，对方会不会改变"。

有些人坚信自己能改变对方。"虽然对方现在无视我，但是时间久了，对方一定会珍惜我。"他们坚信只要自己在对方身边一一纠正错误的行为，对方就能改变。如果彼此之间有深厚的信任，你就可以期待对方改变，不过你必须首先毫不畏惧地说出你的想法。要清楚地表达自己的感受，并指出希望对方改变的地方以及当情况没有改变时会发生什么。

如果程度严重，也可以向其他可以信赖的人寻求帮助。听听周围的人对这段恋爱的看法，可以让我们从客观的角度看待与恋人的关系。如果你为了建立更好的关系而积极地向周围的人求助，你的朋友或家人可以阻止你犯类似的错。即使发生了暴力事件，他们也可以给予帮助或保护。

并非真正的恋爱

恋爱不可能永远都是甜蜜的。不同的两个人从见面到建立亲密关系，再到成为彼此最亲密的人，会面临无数矛盾。但是在这个过程中，如果不是互相了解对方、反思自己，而是试图随心所欲地用暴力压制或占有对方，就会导致失去的东西比学到的东西多。没有尊重和共鸣的恋爱不是真正的恋爱。不能以和某个人谈恋爱为代价被侮辱，因为我们都是应该受到尊重的人。

约会暴力：因为爱你才对你使用暴力？

据说，每4人中就有1人经历过被恋人推搡、殴打等暴力行为。如果将语言和情绪方面的暴力算进去，比例可能会更高。

像这样在恋爱期间发生的暴力被称为"约会暴力"。加害者经常用"是因为爱你才这样做的"这种理由来包装自己的行为，然而暴力只是暴力。而且，暴力不仅指单纯的打人行为。实际上，从看似琐碎的话语和行动开始，暴力以多样的方法和形态出现。

情感虐待	性虐待	生理虐待
·辱骂，大喊大叫。	·说一些让人在性方面感到不愉快的话。	·扔东西。
·谴责。	·强制拉扯手腕或亲吻等单方面的肢体接触。	·用力推。
·孤立。	·强迫进行不安全的性交。	·打脸。
·散布秘密。	·强迫进行具有侮辱性或带来痛苦的性交。	·拳打脚踢。
·无礼对待。	·公开散布性视频。	·勒脖子。
·表现出过度的占有欲，偏执。		

如果恋人对你使用约会暴力，不要一个人解决，可以向家人或警察求助，也可以去专门机构寻求帮助。别忘了，即使你成了约会暴力的受害者，那也不是你的错。

同意

　　无数人共同组成社会，最重要的一点是什么呢？那就是尽可能公平地让所有人提出自己的意见并进行协调。那么在与某个人建立亲密关系的过程中什么最重要呢？就是和对方的心意达成一致。不是随心所欲，而是告诉对方自己的想法，然后等待对方和自己达成一致，总的来说就是"同意"。

　　人和人的想法本就各不相同，每个人想拥抱或者想亲吻的瞬间都不同，因此，在和某个人分享身体和内心时，有必要征得对方同意并确认彼此的想法是否相同。建立亲密关系不是根据自己的想法来强行推进，而是一个努力打动对方的过程。

同意原则

同意，简单来说就是对某件事的许可。就像医生在手术前会对做什么手术、不做手术会怎么样、有什么副作用和并发症等事项进行说明，并征求患者的同意一样，所有关系都需要获得同意。

恋爱也一样，同意不仅是自己在身体和心灵方面的决定权，也是确认对方怎么样、双方对彼此分别有什么样的感情和需求并进行沟通的过程。

恋爱的顺序

我们来玩一个很简单的游戏吧。准备一支笔，然后按照自己的想法给下面提到的行为排序。和朋友们一起做的话会更有意思，因为每个人的想法都不一样。做完了可以相互比较结果。

当然，可能在没有经历完这些阶段时我们与某个人的关系就结束了，或者与某个人的关系可能根本不需要其中的几个阶段。可以根据自己的情况跳过一些行为，当然，如果还有其他必经的过程，可以自行添加。那么，现在就来整理一下属于自己的恋爱顺序吧。

初次相遇（线上或线下）	1
轻轻拥抱	
谈论生育计划（什么时候生孩子、生几个）	
约定结婚	
在社交媒体上互相关注	
与对方分享自己的生活	
单独见面	
一起做些什么来消磨时间（听音乐、看电影、吃美食等）	
互换微信号、电话号码等	
谈论未来	
去对方家里玩	
谈论性病预防与避孕	
性交	
牵手	
分享秘密或烦恼等内心深处的事	
抚摸胸部或生殖器官	
带对方和自己的朋友见面	
与对方的家人见面	
接吻	
避孕	
表露好感	

我认为的恋爱顺序

如果写好了顺序，现在就来回答以下问题吧：

①现在写的顺序是自己认为的理想顺序吗？还是自己或者朋友们经历过的恋爱顺序呢？这两者差不多，还是不一样？如果实际关系和自己认为的理想关系顺序不同，原因是什么呢？

_____

_____

②性交位于第几位呢？有些人把它排在前面，有些人往后推了很多位。如果这个顺序排得太靠前或者太靠后，会有哪些好处以及哪些问题呢？试着思考一下，当顺序提前或推迟时，与对方的关系会发生怎样的变化，这种状况会对自己的身心产生什么样的影响？

_____

_____

③顺序表中缺少"相爱"这一项，你认为这个阶段应该放在什么位置？

_____

_____

④经常有恋人回避与避孕有关的话题，你认为什么时候谈论避孕好呢？如果不想性交，什么时候说比较好呢？

_____

_____

⑤如果跳过大部分阶段，只留下最基本的几个阶段，你认为留下哪些比较合适呢？如果只是想单纯地发生"一夜情"，你认为必须经历哪些过程呢？

_____

_____

　　这些问题没有正确答案。每个人想的顺序不同，想要的和不想要的东西不同，恋爱发展的速度也不同。我们可以根据对方的具体情况调整顺序。即使双方相处了很久，说不定内心的想法完全不同。

　　如果是健康的关系，就应该畅所欲言，谈论彼此想要的过程、速度和界限。即使对方的速度和自己预想的不一样，也要理解对方，并配合对方的速度。重要的是，所有阶段都必须建立在彼此同意的基础上。

为了建立健康的
关系而讲的话

　　加拿大曾经举办过一场以"#RESPECTFORYOUANDME"（尊重你我）为主题的活动，旨在告诉青少年为了建立健康的关系，应该如何说话、采取何种态度。一起来看看建立健康关系的几个原则，并试着模仿下面的相关例句吧。

我是谁，我想要什么，这些只有我最了解。

> 你想要的和我想要的一样重要。
>
> 我想要的和你想要的一样重要。

诚实对待自己以及对方。

> 我喜欢这样做。
>
> 你要是讨厌的话，就没办法了，没关系。

要珍视自己。

> 如果你尊重我，就要认真对待我。

如果得不到对方的尊重，就不要尊重对方。

> 不要这样对我说话。
>
> 别那么叫我，非常难听。

及时承认自己的错误。

> 对不起，是我考虑得不周到。

只有心甘情愿、情感热烈的时候同意，才算真正的同意。

> 嗯，我也真的很喜欢。

互相支持。

> 你不是孤身一人。

对于自己无法承受的秘密，要主动寻求帮助。

> 跟值得信赖的人讲一讲。

如果感觉不对，就明确地表明自己的想法。

> 我希望你不要再这么做了。

> 别这样了。

帮助朋友，避免他们陷入危险。

> 如果你觉得不安全，就立刻联系我。

保护好隐私。

> 我的照片和信息都属于我自己。

> 不要和其他人分享。

有时需要适当的距离。

> 我现在和家人在一起，稍后联系你。

头脑混乱的时候，暂时停下来也是不错的选择。

> 我们留点儿时间给对方想想吧。

爱情没有剧本

我们通常通过看电视剧、电影、小说、漫画等途径自然而然地学习恋爱。但是，影视作品与书籍里出现的恋人们往往省略了很多环节，例如现实恋爱中的提问、回答、思考、协商等过程，只展现了浪漫的一面。在这种背景下，外貌出众的两个人相遇、相爱的故事看上去非常完美。最后，两个人坠入爱河，或者选择结婚，给这段爱情故事画上完美的句号。

实际上，我们经历爱情的过程并没有那么简单，也没有剧本，没有文本指引两个人的动作、表情和心理，只能不断地摸索。一定要谈一场互相关心、互相尊重、互相信任的恋爱，要做到这一点，无论哪个步骤都不能忘记"同意"这件事。

自慰

　　洗澡的时候，水流接触阴蒂时，你有过酥麻的感觉吗？用柔软的梳子梳头发时，会不会觉得很放松，心情变好了？看到自己喜欢的人时，有没有莫名觉得肚脐下方的部位在发热？虽然有些人觉得很尴尬，但这些其实是很自然的现象，因为我们的身体对某种触感或感情状态是有反应的。

　　自慰是指触摸生殖器官或身体的其他部位，使心情变好的行为。"自慰"这个词从字面上看是"自我安慰"的意思。可以说是探究自己喜欢什么样的触觉和刺激以及爱自己的方法的开始，也是宝贵的经验。下面来了解一下怎样才能让自慰更安全、更令自己满意吧。

只有男人才会自慰吗

谈到自慰，我们常常会想到男性抚摸自己生殖器官的场面。另外，自慰还被形容为对性产生好奇心的青少年男性的特征之一。其实，即使是年幼的孩子也会自慰。一项以婴幼儿为对象的研究显示，3个月大的婴儿也会自慰。还有一项研究报告声称女婴比男婴自慰的情况多3倍左右。

自慰不仅仅是青少年男性会做的事，在不懂"羞耻"这个概念的时候，女孩们也会主动抚摸自己的身体，充满好奇地探索，通过自慰缓解压力。现在，你知道抚摸自己的身体并让自己开心是一个多么自然的行为了吧？

逐渐了解身体

仔细观察自己的生殖器官并自慰，就能感受到自己的身体是多么敏感、珍贵、强大、美丽。学会感受自己的身体并爱自己，就能分辨出哪些人是随意对待我们身体的人并远离他们，也能果断地对那些用我们不喜欢的方式对待我们身体的人说"不"。

我们曾盲目地对性充满幻想，但亲身经历过又很失望。在这种时候，自慰起到为安全、令人满意的性关系做准备的作用。在我们真正了解避孕方法和预防性传播感染的方法之前，自慰是一项很好的练习。

应该如何自慰

自慰时，首先要在能够保护隐私的安全空间内摆出舒服的姿势。站着、坐着、躺着等，不管怎样都可以。轻轻抚摸耳朵、脖子、胸部、腹部等部位，慢慢探索触摸哪里时感觉很好。可以用手轻轻按摩阴蒂周围和阴部，或者贴在枕头上或毛巾上摩擦，也可以在洗澡时用从花洒中出来的水刺激阴蒂。阴蒂是非常敏感的部位，比起一开始就强烈地刺激它，不如从隔着内衣触摸或者触摸大阴唇开始。

这时最重要的是注意卫生。自慰前要将手洗干净，特别要注意将指甲剪短，因为太长的指甲可能会弄伤阴道黏膜。

如果有人像我一样小时候因为自慰而挨骂了，充满了内疚感，请忘掉那些记忆吧，要学会充分享受身体带来的快乐。

——电影导演金艺智

"女性也要了解自己的身体！"

我会自慰。为什么公开说这件事呢？因为爱自己应该是一件很正常的事情，我们应该让自己过得自由并爱护自己。

——歌手莉莉·艾伦

自慰是性的一部分，虽然没有人教我们，但这是必须教授的基本知识之一。

——前美国公共卫生局局长乔伊斯琳·埃尔德斯

如果男朋友知道我会自慰，会不会觉得我不是一个好女孩?
万一秘密被散布出去怎么办?

> 许多女性会有这样的苦恼。如果对方因为这件事就否定你，千万不要自我否定，因为你并没有任何问题。如果对方因此打压你，那就不要犹豫，立刻结束这段关系吧。
>
> 另外，将只属于你们俩的私密的事告诉别人，程度严重的话，会构成犯罪行为。如果对方的嘴巴不牢到令人担心的程度，那么当初或许就不应该在一起。

听说自慰对身体不好，而且会让阴部变黑、阴道变松，是真的吗?

> 自慰不利于健康这种说法是没有根据的。某项研究结果表明，自慰的女性比不自慰的女性生活满意度和健康水平更高。在性欲和好奇心旺盛的时候，比起随意触摸他人等方法，自慰是更健康的解决方法。
>
> 但是，请不要在公共场所或其他人能看到的地方自慰，也不要用不干净的手或器具自慰。另外，如果长时间强烈地刺激身体，可能会造成刮伤或感到疼痛，停下来休息一会儿自然就会好转。如果一直有疼痛感，可以去医院看看，不过这很有可能不是自慰引起的。

自慰后一整天都会回想，是不是上瘾了？

这是很多人经常经历的事情，完全不用担心。如果我们喜欢上有趣的东西，不是总会不由自主地经常想起吗？我在学生时期第一次读"哈利·波特"系列小说的时候，因为总是对下一章的内容感到好奇，所以会在上课的时候偷偷读。我第一次吃杧果的时候，第二天和第三天还在回味。

有关身体的体验会让我们的感觉尤其强烈，而且感到更加有趣。但是，就像所有事情都有很多方面一样，不能只考虑能够获得快感这一点，还有安全、卫生、准备等很多需要考虑的事情。只有充分思考这些问题并行动，才能愉快又健康地享受身体的快感。

性情感和性关系

　　尝试之前从没做过的事情总会让人既心动又兴奋。第一次亲手做菜、第一次旅行、第一次挣钱、初吻、初恋……初次经历、熟悉后的经验、失误后学习的经验都很重要。

　　但是要记住，"第一次"只有一回，根据自己的准备和了解程度的不同，人生的第一次经历可能会成为一生珍藏的回忆，也有可能成为长久的噩梦。

　　那么，让我们先了解一下这种酥麻又令人心动的感觉以及不知道该如何是好的情绪从何而来、为什么会出现。

性情感和性欲

我们在什么情况下能感受到性方面的刺激，做什么行为时能感到快乐，都是根据无数经验和周围人的影响形成的。看到电视剧或电影中的接吻场面心情会激动，想到喜欢的人心会怦怦跳，看到美丽的身体照片时生殖器官周围会有痒痒的感觉。

特定的视觉、触觉、听觉、嗅觉、味觉进入大脑的边缘系统时，会发出信号，使我们身体的各个部位出现性反应——女性可能会出现阴道分泌物，男性可能会阴茎勃起。对性做出反应并兴奋的程度和产生性情感的频率被称为性欲。进入青春期，随着雄激素和雌激素等性激素的增加，性欲也会增加。

亲密关系

亲密关系是指与他人建立的感情和身体联系。社会学家认为互相尊重、互相珍惜、互相接受对方的存在是亲密关系的要素。我们通常在与家人、朋友、恋人、宠物的关系中学习并积累亲密关系。

人们希望获得肉体上的亲密感和感情上的亲密感。如果能和相爱的人身心合一，该有多好啊。但是这种愿望就像寻找想象中的独角兽一样难实现，因为亲密感不是一次就能产生的，而是相互努力、相互配合才产生的。另外，有些人会在没有情感交流的情况下建立肉体关系，有些人则希望既有情感交流又有肉体上的接触，每个人期望的亲密关系形态都是不一样的。

如果想和对方建立亲密关系，请记住以下几点。

了解自己，爱自己

只有了解自己真实的样子并尊重自己，与对方分享自己的真实面貌才是有意义的。比起考虑对方想要什么、如何看待自己，首先要知道自己想要什么、自己的感情是什么样的。

互相信任

在谈论自己的创伤或欲望、展示私密的身体部位时，为了克服"身体会不会被对方评价""会不会被拒绝或被嘲笑"等恐惧情绪，需要相互信任。信任是通过长时间的努力慢慢积累的。

互相坦诚相待

正如无法与完美的人建立完美的关系一样，我们自己也不可能完美。隐瞒自己的缺点或弱点、残疾或疾病，以及自卑感，假装自己是另一个人，就能建立完美的关系吗？坦率地说出这段关系中的重要信息（优点和缺点），既是尊重自己的表现，也是尊

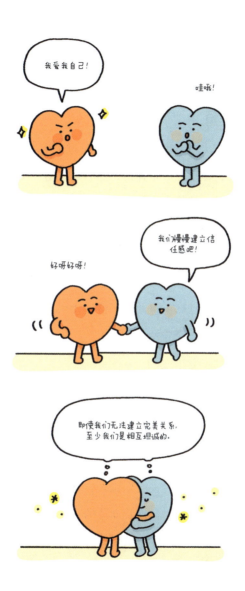

重对方的表现。

压力和准备

　　和朋友或恋人交谈时，我们应该听过关于"跨过某些流程"的表达。通常，牵手之后是拥抱，然后是接吻……但是，认为恋爱有固定的顺序，就像游戏任务一样依次完成就可以了是错误的想法。朋友之间有时会产生微妙的竞争心理，互相比较"你到哪一步了"，恋人之间也有可能产生"你把我撩逗得这么兴奋，自己却停下来了，让我怎么办"等埋怨。不要按照规定好的顺序进行，而是要思考自己真正想做的事情是什么。

性关系就像游乐园

　　有些人去游乐园之前会先调查一下有哪些游乐设施，然后计划好自己要玩什么；有些人会看别人写的游记，定好要去的日期，然后等待那一天的到来；有些人虽然没有定好计划，但时间充足的话，很可能会临时去游乐园玩；有些人旅行的时候可能会偶然去一趟游乐园。有时候抱着期待的心情去，结果可能会很失望；有时候可能没什么期待，结果却比想象中开心很多。

但是，在任何情况下，去游乐园玩都必须遵守游乐园规定的最低年龄和最低身高限制，乘坐游乐设施之前必须熟悉并遵守安全守则。一定要知道并遵守"同意"和"安全的性关系"这两个原则，不然就像在学习了驾驶知识却没有考取驾照的情况下开车一样，很容易伤害自己或者他人。

安全性交指南

如果想进行安全的性交，就要知道如何降低性传播感染、非意愿妊娠以及暴力行为的风险的方法。为了自己和另一半的性健康，一定要充分进行对话，做好保护措施。请务必遵守以下内容。

了解性传播感染的原因

要了解高风险的性行为，最好能了解每种性传播感染是通过哪种途径传播的。

基本安全	自慰，穿着衣服让生殖器官互相触碰，用干净的手触摸对方的生殖器官
较为安全	亲吻
	虽然唾液基本上是安全的，但如果口腔有伤口或接触的皮肤发痒，就会有风险。
可能存在风险	在不穿衣服的情况下让生殖器官互相接触、共享情趣用品、用摸过自己生殖器官的手触摸对方的生殖器官
	重点在于双方的体液（阴道分泌液、精液、尿道球腺液、血液等）是否接触了对方的生殖器官。
	一定要使用避孕套或手指避孕套。
高风险	阴道性交，肛交
	会暴露于各种性传播感染的风险中，一定要用避孕套。

做好保护措施

为了安全，请使用避孕套、乳胶手套、橡胶手套等防护用品。避孕套可以套在阴茎上使用。乳胶手套和橡胶手套是手术室、实验室或厨房常用的薄手套。如果要将手指伸进对方体内，一定要将手洗净（手套可能会破裂），然后戴上手套。塑料手套容易破裂，所以不太合适。

一定要做得这么细致吗？就像为了防止病毒感染，要经常洗手、戴口罩一样，必须要做好保护措施。这既是对对方的关怀，也是保护自己的最基础的安全措施。

使用润滑剂，防止受伤

在避孕套内侧和外侧涂抹少量润滑剂，可以减少摩擦，防止避孕套破裂，还可以防止受伤。别忘了性传播感染很喜欢伤口和血液。不能用乳液等化妆品代替润滑剂，否则很可能会使避孕套破裂。

观察彼此的生殖器官

很多人看到自己的身体或对方的身体时会害羞。其实，互相看对方的身体或闻对方身体散发出的气味等行为也会成为很好的刺激点。最重要的是，这样能够观察彼此的生殖器官是否有水疱、伤口、异常分泌物，可以更好地保障健康和安全。

不要喝醉

喝醉的时候可能会做清醒时绝对不会做的事，而且无法给出性同意。遇到危险或不好的事时，应对能力也会下降，例如避孕套脱落、没有正确地使用避孕套、没注意到有人在自己喝的饮料里下药或者因为无法控制力量和速度而受伤，很容易造成性传播感染或感染艾滋病。

接种疫苗

有些性传播感染可以通过注射疫苗提前产生免疫力进行预防。注意，不是等感染了再治疗，而是要提前预防，所以当然没有理由不接种疫苗吧？如果说安全措施是在体外保护自己的"盔甲"，那么接种疫苗后产生的抗体就是在体内与传染病进行斗争的"我方军队"。关于疫苗接种，可以在定期去医院检查时咨询医生。

定期去医院检查

如果出现性传播感染的症状（见116~117页），必须去医院就诊。也有很多无症状感染的情况，如果有下面的情况，最好每年（或更换性伴侣时）做一次检查。

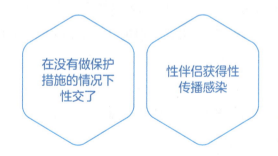

在没有做保护措施的情况下性交了

性伴侣获得性传播感染

接受治疗时，听从医护人员的指示很重要。抗生素治疗一般持续1~2周，治疗3~4天后可能会好转，有些人这时候就会停止服药，这样做其实非常危险。如果在病菌只死了一半的情况下停止服用抗生素，剩下的病菌可能会产生耐药性，之后即使服用抗生素也可能不会见效。一定要将医生开的药全部吃完，准时复查。

彼此坦诚

携带艾滋病病毒、疱疹病毒、乙肝病毒等会通过性传染的病毒的人应该将事实告诉对方。如果不告知对方，可能会涉及法律问题。如果后来才得知自己感染了，应该立即通知对方，一起去接受检查和治疗。对于这样的事实，很多人很难说出口，或者因为说不出口而干脆分手。如果越来越多的人隐瞒自己感染的事实，也许会导致传染病不断扩散，危害他人。

性伴侣越多，越要严格遵守原则

无论是一生只爱一个人，还是想多拥有一些恋爱经验，所有选择都应该得到尊重。但是，考虑到性健康，要记住"性伴侣越多，获得性传播感染的风险就越大"这一点。

每天要面对、触碰几十名患者的医生为什么不会被感染呢？

因为他们经常戴着口罩，每次诊疗结束都会洗手，尽量避免触摸公共场所的东西。性传播感染预防也是如此，即使性伴侣很多，只要好好遵守基本原则（卫生、清洁、做好保护措施以及定期检查），就可以健康地性生活。

安全的性关系需要
征得"同意"

前文说过，所有关系都必须征得"同意"，特别是性关系。同意应该是欣然接受（而不是"不得已"），随时都可以取消，并且是相互的。如果两人中只有一人同意，那就不是真正的"同意"。而且，并不是说同意了一点就等于同意了一切，例如同意牵手并不意味着同意性交。

不安全的性行为	安全的性行为
"我不喜欢戴避孕套。"	"你用过什么避孕方法？你想怎么做？"
"相信我，我体外射精从来没有发生过意外。"	"如果你愿意，我们就做。"
"嗯？我没做过检查……别担心。"	"疼就告诉我，我会停下的。"
"明明是你主动接吻的，为什么不能性交呢？"	"我长了疱疹，所以一定要用避孕套。"
"疼吗？你再忍忍吧。"	"生殖器官长了水疱时不能性交。"
"只插入一次，不会有什么事的。"	"今天没准备避孕套，只亲一亲、摸一摸吧。"

性高潮到底是一种什么感觉？

性高潮即性兴奋持续高涨，达到顶峰的状态。那种感觉非常多样，很难用一句话来解释。有些人说全身像通电一样，有些人说好像被热浪包围了，有些人说肚脐痒的感觉越来越强烈，还有些人说视野一会儿变黑一会儿变白。在强烈的感情和身体反应过后，会放松下来并逐渐发软，这时可以好好睡一觉。

为了达到性高潮，最重要的是时间。就像锅要烧得足够热，才能在最佳温度下做出最好吃的食物一样，只有身体慢慢发热，刺激和反应慢慢积累，才能到达高潮。在兴奋状态下充分分泌阴道分泌物，才能避免疼痛或受伤。如果对"在哪里、怎么做、间隔多久、给多少刺激才能更加享受"等问题不断进行探索，双方都可以达到高潮。

其实，并非所有人都能感受到性高潮。有些人只是温暖地拥抱或温柔地牵手就会感到很满足。不必太执着于什么样的性关系是好的性关系，只要遵从自己的内心，去享受就可以了。

性传播感染

　　上中学的时候，有位老师在性教育课上说："如果你们性交，会得非常可怕的性病。"这句话能够很轻易地让人感到害怕，说不定现在我们身边的大人依然会说这种话。很多获得性传播感染的人受到了很大的冲击或觉得羞耻。另外，许多人一直认为自己没有乱来，不会被感染，不重视健康检查，结果却感染了。其实，就像打喷嚏这种行为或没有洗干净的手可以传播病毒一样，也可以说像乱吃食物导致食物中毒一样，这些只是通过性感染的某种传染病而已。不必害怕或逃避，我们应当事先了解如何保护好自己以及自己爱的人，做好预防工作。

性传播感染增加的原因

全世界获得性传播感染的人数正在逐渐增加，原因有以下四点。

第一，确诊性传播感染，应该告知伴侣，但是很多人因为不好意思说出口而隐瞒事实，导致不知情的伴侣没有及时治疗，可能会继续传播病原体。

第二，无症状感染的情况较多。如果出现疼痛或出血等症状，我们会意识到要去医院就诊。但如果没有任何症状，发现感染的时间就会推迟，传播的风险会更大。

第三，为了找到约会对象或恋爱对象，现在越来越多的人使用约会应用程序或者发生"一夜情"，有时甚至连性伴侣的名字和电话号码都不知道。这样一来，如果获得了性传播感染，不仅很难知道是在哪里感染的、怎样被感染的，也很难告知对方自己感染了。

第四，剃阴毛的人增加了，如果剃阴毛时，阴阜的皮肤破损，而性对象的精液中刚好含有性传播感染的病原体，那么精液接触阴阜，病原体就会从破损的皮肤进入人体，易造成性传播感染。

为了健康地生活，所有人都必须了解性传播感染的相关信息。

常见性传播感染

据说每10名有性经验的人中就有8名一生至少会有一次或严重或轻微的性传播感染。也有一些病原体是通过接吻等行为传播的。因此，性传播感染实际上是非常常见的。如果你坚信自己不会感染，那你就错了。

其实，性传播感染和感冒差不多。那么被感染了会不会像轻微感冒一样自然痊愈呢？是的，没错。据说即使感染了HPV，90%的人也能在2年后自愈。但是，体内残留的部分病毒可能会发展为宫颈癌，或者会隐藏在皮肤内的神经中，引发疱疹，并且经常复发。治疗过程中也可能会留下疤痕和后遗症，特别是衣原体病或淋病会使子宫粘连在一起，导致将来难以怀孕。因此，医生强调，一定要为预防性传播感染进行检查。

性传播感染的种类

下面介绍几种常见的性传播感染。

名称	症状	病因	预防方法	治疗方法
衣原体病	·80%的患者无症状 ·小便时有火辣辣的感觉，阴道分泌物增多，性交时疼痛	·皮肤黏膜接触 ·阴茎与阴道接触 ·阴茎与肛门接触	·每年与性伴侣一起进行1次性传播感染检查 ·做好保护措施	·抗生素治疗 ·4周后复查，确认是否痊愈了
疱疹	·从出现一两个小疙瘩开始到出现水疱并破裂 ·2周后自然好转 ·身体不适或低烧	·皮肤黏膜接触 ·阴茎与阴道接触 ·阴茎与肛门接触 ·口腔与生殖器官接触	·做好保护措施（即使看不到水疱，也有可能发生感染） ·确认感染时，通知性伴侣	·抗病毒药物治疗（1周内吃药并涂抹药膏，可以降低病毒传播的风险） ·保证充足的睡眠和营养均衡
HPV	·70%的患者的免疫系统能够战胜病毒 ·免疫力下降时，感染状态会持续 ·无症状或长出瘙痒的疣 ·在癌变之前可能没有其他症状，定期检查非常重要	·皮肤黏膜接触 ·阴茎与阴道接触 ·阴茎与肛门接触 ·口腔与生殖器官接触	·做好保护措施（在不戴避孕套的情况下进行皮肤接触也有可能感染） ·每2年做1次宫颈癌筛查 ·戒烟（吸烟会降低免疫力） ·接种HPV疫苗	·通过手术切除疣，涂抹药物 ·癌症初期可以通过手术切除，同时要进行抗癌治疗和放射治疗
淋病	·70%的患者无症状 ·小便时有火辣辣的感觉，阴道分泌物增多，性交时疼痛 ·淋菌性咽炎患者咽部疼痛、流脓	·皮肤黏膜接触 ·阴茎与阴道接触 ·阴茎与肛门接触 ·口腔与生殖器官接触	·每年与性伴侣一起进行1次性传播感染检查 ·做好保护措施	·抗生素治疗 ·4周后复查，确认是否痊愈了

名称	症状	病因	预防方法	治疗方法
梅毒	· 一期梅毒患者的生殖器官周围会出现大面积溃疡，溃烂后愈合 · 患一期梅毒时如果不治疗，可能会发展为二期梅毒（全身发疹、发热）、三期梅毒（感染神经系统与骨骼）	· 皮肤黏膜接触 · 阴茎与阴道接触 · 阴茎与肛门接触 · 口腔与生殖器官接触	· 做好保护措施 · 如果不做保护措施，要每年进行1次性传播感染检查	· 抗生素注射治疗1~3周 · 6个月后复查，确认是否痊愈了
滴虫性阴道炎	· 出现灰色或绿色的阴道分泌物，生殖器官瘙痒，小便时感觉刺痛	· 皮肤黏膜接触 · 阴茎与阴道接触 · 阴茎与肛门接触	· 做好保护措施	· 进行1周抗生素治疗
乙肝	· 无症状或发热、呕吐、黄疸、上腹部疼痛、全身肌肉疼痛	· 与感染者的血液或体液接触（输血、共用指甲刀或剃须刀等） · 皮肤黏膜接触 · 阴茎与阴道接触 · 阴茎与肛门接触	· 6个月内接种3次疫苗	· 急性肝炎可以根据症状进行相应的治疗，慢性肝炎没有特别的治疗方法
艾滋病	· 感染后的2~4周内，持续出现类似轻微流感的症状，之后好转	· 与感染者的血液或体液接触（输血、共用指甲刀或剃须刀、母乳喂养等） · 皮肤黏膜接触 · 阴茎与阴道接触 · 阴茎与肛门接触	· 做好保护措施	· 确诊初期及时治疗，一生坚持服用抗病毒药物，就不会出现并发症，能够健康地生活
阴虱病	· 长阴毛的部位瘙痒，出现血疮或血痂	· 皮肤间接接触（共用内衣、被子等）	· 与感染者分开使用内衣或被子 · 严格注意个人卫生	· 只要涂1次药，几乎就可以完全治愈 · 一旦发现感染了，应立刻用沸水浸泡内衣和被套，然后清洗

预防性传播感染的方法

使用避孕套和接种疫苗是预防性传播感染的最基本的方法。

以性为媒介传播的传染病种类超过30种。如果存在以下情况，必须接受检查。

可以通过以下方式进行性传播感染检查。

公共卫生保健所

在韩国的公共卫生保健所可以免费接受艾滋病、梅毒、淋病、衣原体病、乙肝检查。但是，由于每家保健所对是否可以出示青少年证（韩国9~18岁的青少年持有的身份证件）或学生证进行检查的要求不同，需要提前确认。

医院

在韩国医院可以进行6种或12种性传播感染检查。如果出现了症状，去医院进行检查可以使用医疗保险，个人只需要缴纳2万~3万韩元[1]。在中国，可以去正规医院接受检查。

性传播感染诊断试剂盒

在韩国，在药店或网上购买性传播感染诊断试剂盒后，将阴道分泌物涂在上面，寄给医院就可以收到诊断结果。这种方法一般供不想去医院或害怕接受检查的人使用。但使用这种方式，可能会买到未获得食品医药品安全厅许可的非正规企业生产的诊断试剂盒，所以要好好确认。

目前，在中国药店可以买到的性传播感染诊断试剂盒较少，

---

1. 1万韩元约合人民币52元。——编注

已上市的试剂盒可以测出梅毒螺旋体和生殖支原体等细菌、单纯疱疹病毒等病毒，以及阴道毛滴虫等寄生虫。但是，其价格较昂贵，单盒售价高达人民币上千元。

我担心父母知道我的性病检查结果。

🍀　　对于青少年接受性病治疗或听取性病诊断结果是否需要父母同意这个问题，医生意见不一。虽然法律上没有明确规定必须告知父母，但是为了避免父母得知事实后向医院提出抗议等情况，很多医生持保守态度。

　　在某些国家，青少年只要听医生充分说明情况并理解了，就可以自行决定接受治疗或进行手术。不过，在难以决定的时候，也需要父母、咨询师、老师等成年人的帮助。青少年也有权和医生共同商量哪种治疗方式对自己的身体有好处。

　　最好先明确隐私保护问题，再根据医生的态度判断是否接受治疗。下面介绍一款关注性病、艾滋病健康科普传播的应用程序。

| 携手医访 | http://xieshoue.org/#/home | 由国家卫生健康委员会主管，中国疾病预防控制中心性病控制中心主持开发的性病防控新媒体健康传播与服务平台，旨在构建规范化性病诊疗体系全流程、全周期的健康科普宣传平台，引导公众树立正确的健康观念。 |

听说使用公厕的马桶也有性传播感染的可能，这是真的吗？

🍀　　细菌和病毒喜欢身体内部潮湿、温暖的环境，离开人体很难存活。只有感染者将阴道分泌物沾在公厕的马桶圈上，其他

人使用马桶时刚好阴部接触了那个位置，才有可能感染，但这种事情很难发生。而且，通过尿液或唾液感染的可能性很小，不必太担心。如果还是很担心，可以用湿巾和洗手液擦拭马桶圈，晾干后再使用。

听说女性的生殖器官与男性的不同，是向内延伸的，因此更容易获得性传播感染。

🍀　　性传播感染病原体生活在潮湿、温暖的黏膜上。女性的小阴唇、阴道、子宫内膜、尿道、膀胱等处有黏膜，而男性的尿道、输精管、前列腺、膀胱等处有黏膜。由于阴茎外侧是皮肤，所以相对来说，女性生殖器官的黏膜面积更大。

　　除此之外，还有社会、经济方面的原因。女性为了获得安全的性关系，在与对方达成协议并做出要求时处于不利地位的情况很多。另外，女性获得性传播感染却没有任何症状的情况较多，可能会延误治疗。再加上社会对性传播感染这个话题比较避讳，而且对其有错误的印象，导致女性更不愿意接受检查和治疗。

　　性传播感染涉及很多因素，并不是自己做好了就能预防。为了引起所有人的注意，我们应该加强相关性教育的力度，同时让避孕套等保护用品的获取更加便捷。另外也需要出台相关政策，完善保健所、医院等正规医疗机构提供的性传播感染检查项目。

怀孕和生产

　　你想象过"假如我有孩子"这个问题吗？其实没有人知道这件事什么时候会发生，但我们可以提前准备。怀孕和生产都有可能发生在我们身上，了解了这个过程，就会更加了解自己的身体。

　　当然，也有些女性不愿意怀孕和生产。即便如此，大家也应该了解怀孕和生产的过程，因为这样我们才会知道自己是如何被生出来并存在于这个世界上的。给我们生命的妈妈、我们的挚友以及我们喜欢的艺人并不是某一天突然从天上掉下来的，他们都诞生于他们母亲的腹中。怀孕也是见到自己的孩子的必经过程，非常重要。下面就来了解一下我们究竟是如何诞生的。

怀孕，完成"设计图"的过程

要想怀孕，精子和卵子必须结合。人类有23对染色体，男性的精子和女性的卵子中只有其中一半，即各有23条染色体。如果将所有的染色体看作一张完整的设计图，这就代表精子和卵子各相当于半张设计图。精子和卵子结合成受精卵后，各自拥有的23条染色体结合在一起，便形成了23对染色体，完成了"设计图"。从那一刻起，生命便形成了。

受精卵从一个细胞开始，按照2个、4个、8个的顺序进行细胞分裂，逐渐变大。受精卵通过输卵管慢慢移动到子宫内，在子宫内膜上扎根的过程被称为"着床"。从受精开始到着床需要1周左右的时间。

受精的过程

想让女性体内的卵子和男性体内的精子结合，该怎么做呢？要让男性和女性的生殖器官接触。男性将勃起的阴茎插入女性的阴道内射精，一次能排出很多个精子。

在没有做避孕措施的前提下，1年都没有怀孕，如果是女性生殖方面的问题，称作"不孕"；如果是男性生殖方面的问题，称作"不育"。无论是女性还是男性的生殖器官有问题，都可以

怀孕的过程

卵子

卵子诞生于女性体内,女性每月排卵1次。卵细胞是女性体内最大的细胞,成熟的卵子直径约为0.2毫米。卵子外层被透明带和放射冠包裹着,只有优质精子能够突破"防御网"。

精子

精子在睾丸中形成,保存在精囊中,射精时排出体外。精子的外形与蝌蚪相似,头部有染色体。如果遇到卵子,只有头部会被卵子吸收。

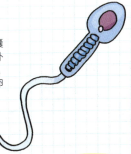

卵子和精子通过内射的方式结合。

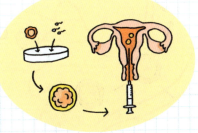

或者通过辅助生殖技术(例如试管婴儿技术)结合。

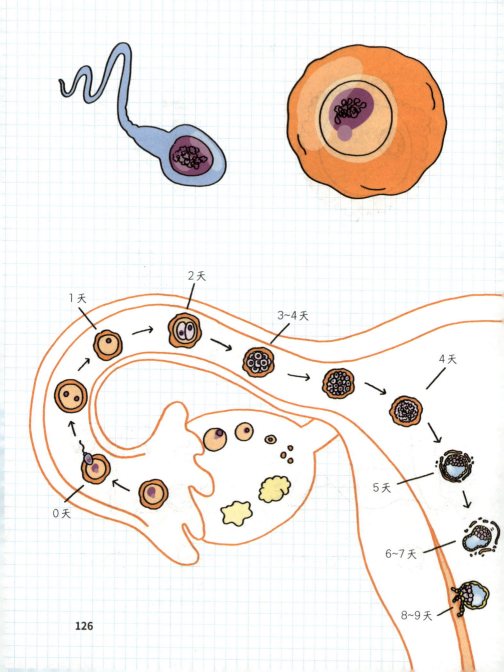

2天

1天

3~4天

4天

0天

5天

6~7天

8~9天

向医生寻求帮助，尝试试管婴儿技术等方法。

怀孕初期的症状

怀孕后身体会发生很大的变化。以下是怀孕初期会出现的症状。如果没有做避孕措施，并且出现了这些症状，一定要确认自己是否怀孕了。

月经推迟

从经期预测日开始，如果过了1~2周还是没有来月经，就要确认自己是否怀孕了。

着床出血

虽然月经期也会出血，但出血量极少时应该确认自己是否怀孕了，因为这可能是怀孕初期的出血现象，叫作着床出血。

恶心、呕吐

无缘无故觉得恶心、食欲不振或呕吐时也要确认自己是否怀孕了。孕吐一般最早从怀孕4周时开始。

乳房的变化

乳房突然肿胀、变硬或乳头颜色变深时，也要确认自己是否怀孕了。

使用验孕棒的方法

验孕棒是可以简单、快速地确认是否怀孕了的工具，可以通过检测尿液里是否含有受精卵在子宫内着床时产生的人绒毛膜促性腺激素（HCG）来判定。验孕棒在药店或网上很容易买到，它的使用方法如下。

1. 排尿5秒后，用干净的纸杯或碗接一些中段尿液。

2. 让验孕棒的测验端充分沾上尿液，然后平放，等待3~5分钟。

3. 确认验孕棒上出现的线。

显示1条线表示没有怀孕。

显示2条线意味着怀孕的可能性很大。

如果出现了2条线，虽然很可能是怀孕了，但也可能是宫外孕或卵巢肿瘤，一定要去医院进一步确认。

染色体和基因

孩子有些地方像妈妈，有些地方像爸爸。不仅是长相，性格和疾病也有相似之处，因为孩子是爸爸和妈妈共同拼成的"设计图"。

人类的遗传信息根据排列A、G、T、C这4个碱基的方法进行编码，30亿个碱基聚集在一起，形成长达1000亿千米的DNA链。如果把这么长的信息放在一条直线上保存，很容易缠在一起，适当地切断它并用特别的方法将其团结在一起的就是染色体。一个细胞里面有46条染色体，即23对，从妈妈那里得到23条，从爸爸那里得到23条，构成我们身体的几十万亿个细胞中都含有染色体。

人类大约有2.5万个基因，基因是DNA的一部分。正如从书的目录来看，内容分为很多章，每一章下面又包含更低级别的标题一样，基因中按器官对创造蛋白质和酶的"设计图"进行了分类整理。但是，举例来说，每次在胰腺中制造胰岛素时，读完1000亿千米的信息需要很长时间，所以有时会把不使用的基因捆绑起来保管。

胎儿发育

受精卵在40周的时间里慢慢长大，逐渐变成胎儿的样子。受精卵的一部分和子宫内膜会形成胎盘，孕妇血液中供给的营养成分和氧气通过胎盘传递给胎儿。与妈妈相连的脐带大多在出生后脱落，痕迹会留在肚脐处。

胎儿慢慢长大，孕妇的肚子也会越来越大。即将出生的胎儿重约3千克，再加上子宫和羊水的重量，意味着孕妇要承受七八千克的重量。因此，孕妇的内脏和脊椎骨会被挤压，甚至会让孕妇喘不过气来。

胎儿发育

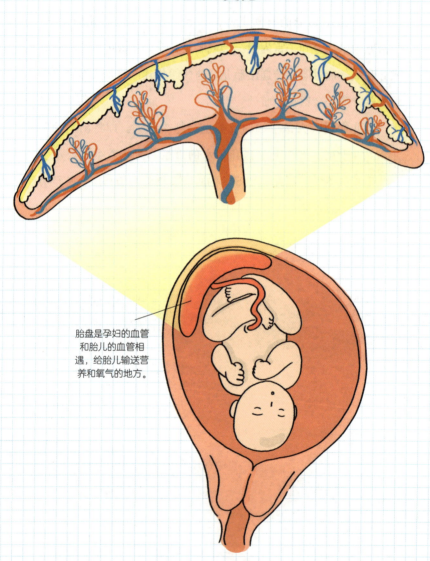

胎盘是孕妇的血管和胎儿的血管相遇，给胎儿输送营养和氧气的地方。

2~3周
卵子与精子结合，形成受精卵。

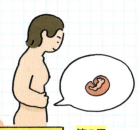

第2周

第5周

第5周
着床的受精卵长成孕囊，可以通过超声波看到胚胎。孕妇会出现孕吐或者胸部变大、变硬等症状。

第7周
胎儿的神经管形成，心脏开始跳动。孕妇的饮食习惯会发生变化，感到疲劳，偶尔会便秘。

第7周

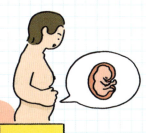

第12周

第12周
胎儿的器官基本发育完成，几乎能够区分手指和脚趾。

第20周
胎儿大约长25厘米，重约0.3千克。孕妇的子宫会扩展到挨着肚脐的位置，能够感受到胎动。

第20周

第36周
胎儿重约2.5千克，肺部发育成熟。孕妇会气喘吁吁的，胃酸逆流，疼痛频繁。

第40周

133

生产

怀孕40周左右，胎儿已经完全长成，做好了与世界见面的准备。如果自然而然地开始阵痛，就代表要自然分娩了。子宫口逐步扩张，胎儿逐渐向下，通过阴道慢慢地出来。胎儿重约3千克，生产过程一般需要6~9小时。

如果胎儿处于危急状态或体形过大，医生认定自然分娩很困难，可以进行剖宫产手术。无论如何分娩，生育对孕妇和胎儿来说都是一件大事，孕妇还可能会出现出血或高血压等并发症。虽然随着科学和医疗技术的发展，情况已经有所好转，但在韩国，一万个新生儿中仍有一个会在出生时失去妈妈。生孩子就是这样一件非常伟大的事，所有妈妈都是非常了不起的人。

生产和分娩

生产意味着生命诞生，是以母体和胎儿为中心的。分娩意味着将产妇和胎儿分开，是医务工作者对"将胎儿取出"这一行为的形容。在英语中，生产是birth，分娩是delivery。

没有男性伴侣
也能怀孕吗?

2020年11月,韩国某未婚女艺人宣布自己成为母亲,一时间成了热门话题。这位女艺人认为,虽然自己有生育孩子的想法,但是如果因此而急着结婚,可能会出现其他问题,所以她接受了精子捐赠,成功怀孕并分娩。

要想怀孕,除了通过性交使精子和卵子结合,还有将精子直接注入子宫的人工授精、分别提取卵子和精子制成受精卵再移植到女性子宫内的体外授精等方法。这种在科技的帮助下怀孕的手段被称为辅助生殖技术。随着时代的变化和家庭观念的改变,这种原本用于帮助不孕不育夫妇的技术现在给很多人提供了帮助。

在韩国,只有合法夫妻才能接受人工授精或体外授精手术。对于"与是否为法律上的异性夫妻相比,本人到底多么恳切地想要孩子、是否做好了养育孩子的准备更重要""无所谓性倾向如何、是否结婚了,每个人都有生育的权利"等主张,大家有什么看法呢?目前,韩国的生育率为0.918%,平均每名女性一生生育不到一个孩子,接近世界最低值。虽然很多人主张要多生孩子,但法律上对父母的资格认定非常严格。

避孕

　　前面说过，怀孕和生产对女性来说是非常重要的事，在身体、感情、经济方面的影响可能会持续很长时间。因此，要时刻铭记进行性交可能会怀孕这一点。

　　不仅如此，还要清楚地知道自己什么时候想怀孕，不想怀孕应该如何避孕。不知道避孕方法或者没有准备好与伴侣谈论避孕事宜的话，就意味着没有做好性交的准备。

　　避孕有多种方法，不同方法的效果、优缺点和使用方法等也不同。请仔细查看各种避孕方法，选择适合自己的安全方法。

避孕方法

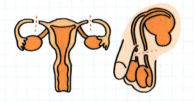

输卵管结扎和输精管结扎

避孕时限：永久
医院（手术）

含铜节育器

避孕时限：5~10年
医院（手术）

释放孕激素节育器

避孕时限：5年
医院（手术）

皮下埋植剂

避孕时限：3~5年
医院（手术）

注射避孕针

避孕时限：8~13周
医院（注射）

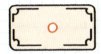

紧急避孕药

避孕时限：1次
药店购买或医生开药

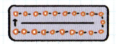

短效口服避孕药

避孕时限：服药期间
药店购买或医生开药

男用避孕套

避孕时间：1次
药店、便利店购买

女用避孕套

避孕时间：1次
网购等

阻断法

阻断法是指阻止男性精子进入女性子宫并与卵子结合的所有方法，包括使用杀精剂、男用避孕套、女用避孕套、避孕栓、子宫帽、避孕海绵等多种方法。阻断法对于预防性传播感染也很重要。下面详细介绍几种常见的避孕用品或方法。

男用避孕套

功能： 大部分由薄薄的乳胶制成，套在男性的阴茎上，防止射精时精子进入子宫。

效果： 使用第1年，每100位性伴侣使用男用避孕套的女性大约发生2例妊娠。

优点： 对预防性传播感染最有效。在便利店或超市很容易买到，费用比其他避孕方法便宜，而且不会影响雌激素。

缺点： 有些人会对乳胶产生过敏反应。

使用方法： 用手撕开避孕套的包装袋（不要用剪刀剪或牙咬），确认避孕套的正反方向，轻轻挤出避孕套前端的储精囊里的空气，将其套在男性阴茎头部，然后边推边套至阴茎根部，直至避孕套完全展开，包覆住整根阴茎。射精后要马上摘掉。

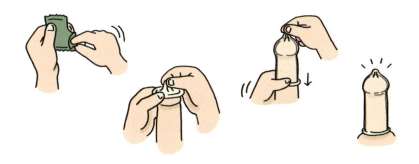

女用避孕套

功能：通常由塑料制成，提前放入女性阴道里，可以防止精子进入子宫。

效果：使用第1年，每100位使用女用避孕套的女性大约发生5例妊娠。

优点：对预防性传播感染最有效，不会影响雌激素。

缺点：有些人会对乳胶产生过敏反应，而且女性避孕套不容易买到。

使用方法：在性交开始前放入阴道中。可以提前放入阴道，最早能在性交前数小时内放入，也可以即时使用。用手撕开包装袋（不要用剪刀剪或牙咬），捏紧内环，慢慢将内环轻柔地放入阴道内。然后将手指伸进避孕套里，往阴道深处推。进行性交时，要让阴茎进入避孕套内。取下避孕套时，握住避孕套的外环并扭转以封闭精液即可。

短效口服避孕药

功能: 同时向体内注入少量能决定月经周期的雌激素和孕酮,垂体就会停止刺激卵巢,抑制排卵。同时,子宫内膜会变薄,不易受孕。

效果: 实际避孕有效率为92%(需要始终严格按照说明书坚持和正确使用)。

优点: 是一种高效避孕方法,不影响性生活。

缺点: 通常是安全的,但有非常小的概率会增加患深静脉血栓、脑卒中的可能性。每10万名女性中约有5~10名会患这类疾病,服用短效口服避孕药的女性患这类疾病的危险性高出3倍左右。35岁以上的女性、每天不止抽半盒烟的女性、经常偏头痛的女性以及患高脂血症、高血压、糖尿病等疾病的女性,服用此类药物的风险较大,最好使用其他避孕方法。除此之外,服用此类药物还可能会引发头痛、恶心、乳房痛、异常出血等现象,向医生咨询后再服用比较安全。另外,此类药物需要每天按时服用,一次大意就有避孕失败的风险。

服用方法: 严格遵照医嘱或按照说明书服用。

注射避孕针

功能：通过抑制排卵、干扰子宫内膜发育等作用达到避孕的目的。

效果：如果按时接受注射，实际使用第1年避孕有效性约为97%，也就是说，每100位使用注射避孕针的女性中约3例会怀孕。

优点：使用方便，不要求每天使用，可以让月经量减少或者中断月经。

缺点：前3个月可能会出现不规则出血、体重增加、乳房痛等症状。无法预防性传播感染。另外，即使停止使用，回到正常的月经周期也需要一定的时间。不推荐长期使用。

方法：严格按照医嘱规定的时间去医院进行注射。

皮下埋植剂

功能：像火柴杆一样的小棒，外层由硅橡胶材料制成，非常柔软。把它植入上臂的皮肤下，里面的孕激素会慢慢地持续释放，阻止排卵。

效果：在使用的第1年里，每100个使用皮下埋植剂的女性中仅有不超过1例避孕失败。

优点：避孕效果好，作用时间长，安全性高。

缺点：前3个月可能会出现不规则出血、体重增加、乳房痛等症状。可能会留下疤痕。无法预防性传播感染。

手术方法：在月经开始的7天内进行手术，将皮下埋植剂植入上臂内侧皮肤下方。

宫内节育器

功能：阻止受精卵着床，防止受孕。

效果：多数节育器，100位女性使用第1年时，只有不到1例避孕失败。

优点：避孕效果好，时效长，不影响生育能力，对之后怀孕没有不利影响。

缺点：植入和取出手术比较麻烦，而且会有点儿痛。节育器可能会脱落。无法预防性传播感染。

手术方法：将节育器放入子宫内。

紧急避孕药

功能：在没有做保护措施的情况下进行性交后服用，可以降低怀孕概率。在没有每天按时服用短效口服避孕药、避孕套破裂或遭受强奸的情况下也可以使用。这是通过单次服用药物阻止排卵和受孕的方法，无法用于已经怀孕的情况。

效果：无法百分之百避孕，如果月经推迟了很多天，一定要确认自己是否怀孕了。

缺点：会改变月经周期，可能会出现异常出血或排卵障碍，一定要谨慎服用。

服用方法：性交后服用，越早越好。

此外，还有避孕贴剂、阴道环、子宫帽、避孕海绵等多种避孕用品，但这些不容易买到。

不推荐的避孕方法

除了前面提到的方法，还有很多种避孕方法。其中有一些方法的失败率很高，一定要特别注意。

阴道杀精剂

这是一种插入阴道中的药物，能够降低精子的活性。插入后一小时左右产生效果，一定要在性交前使用。虽然它叫作杀精剂，但并不能完全杀死精子，避孕效果较差，而且可能会引发阴道炎，所以不推荐使用。即使正确使用并坚持使用，每100个女性中每年仍有8例怀孕；如果没有掌握正确的使用方法，那么每

100个女性中每年会有高达32例怀孕。

安全期避孕法

这是一种计算月经周期的避孕方法。但是，每个人身体状况不同，排卵日期也不同，这种方法的失败率为10%~20%。尤其不适用于月经周期不规律的人。

体外射精法

这是一种男性在射精前将阴茎拔出来进行体外射精的方法。要想完美地控制射精的时间点，需要进行很多训练，究竟有多少男性能做到呢？相关调查结果显示，在使用这种方法的第1年，每100个性伴侣使用体外射精法的女性中，约有20例怀孕。由此可见，这种方法避孕效果并不好。特别是男性射精前分泌的尿道球腺液中也可能混有精子，会提高怀孕概率。

永久避孕法

还可以通过结扎部分输卵管或部分输精管的方法，使精子和卵子无法结合。

听说有些避孕套质量不过关，可能会破裂。

🍀　　　不仅要确认避孕套的保质期，还要确认避孕套是否曾暴露在高温环境中。过期的避孕套和曾经暴露在高温环境中的避孕套可能变质了，很容易破裂。如果避孕套经常破裂，也可能是因为尺寸小，之后可以购买合适的尺寸，或者避免用超薄避孕套，选择有一定厚度的避孕套。

　　　还有一个防止避孕套破裂的重要方法是使用润滑剂。在避孕套内侧和外侧涂抹少量润滑剂，可以减少摩擦，防止疼痛，还可以防止避孕套破裂。如果性交后发现避孕套破裂了，要服用紧急避孕药。

如果这个月想推迟月经，可以服用避孕药吗？

🍀　　　如果能在考试或放假之前推迟月经，确实会很方便。在预测会来月经的日期前5~7天开始，每天服用一粒短效避孕药，服药期间就不会来月经。忙完了要紧的事，就可以停止服药，恢复正常的月经周期。

终止妊娠

不是所有的受精卵都能成功发育成胚胎。有些受精卵无法好好发育；有些受精卵着床后脱落了；有些受精卵本来发育得很好，却莫名出现了意外，这些现象叫作"流产"。另外，如果发生了非意愿妊娠，可以终止妊娠。没有百分之百成功的避孕方法，非意愿妊娠时，我们应该了解与终止妊娠有关的正确信息，做好准备。

发生非意愿妊娠怎么办

世界上有很多事不会按照我们的意愿发展，偶尔会发生意想不到的事，怀孕可能是其中之一。14~49岁的来了月经的女性都具备怀孕的条件。

非意愿妊娠了该怎么办？遇到这种情况，我们很可能会惊慌失措，很难找到正确的信息或充分考虑，可能会错过重要的时机。

假设你知道自己非意愿妊娠了，请逐一回答以下问题，这有助于做出决定。

现在处在哪个时期

首先，重要的是弄清楚自己怀孕几周了。无论是否终止妊娠，为了自己的身体健康，都要尽早接受检查。一般怀孕12周内可通过药物或手术等方法终止妊娠。如果超过了12周，需要进行引产，终止妊娠需要的时间更长，风险也更大。所以，尽快决定是否终止妊娠比较安全。

此刻情绪如何

知道自己怀孕了之后，首先要了解自己的想法和感情。兴奋？担心？快乐？悲伤？混乱？惊讶？我们会根据自己平时看待怀孕、生育、组建家庭等事情的态度，产生各种各样的情绪。

有些人始终抱着坚定的信念，下定决心无论在什么情况下都不会终止妊娠。但是，她们很可能没想过如果自己真的怀孕了该怎么办。在我们的人生中，有时会发生意想不到的事情，有时会走意想不到的路。曾经高喊"我绝对不会生孩子"的人最终可能会决定生育，曾经下定决心说"我绝对不会打胎"的人也可能会选择终止妊娠。

我的生活具体会变成什么样呢

如果分别选择"生下孩子""将我的孩子送养""终止妊娠"，生活会发生怎样的变化呢？根据不同的选择，思考一下自己的生活会有什么变化，以及如何维持现在的生活。想想对现在的自己来说最珍贵的三点，例如正在交往的人、工作或学业方面取得的成就、父母等。根据不同的选择，具体想象一下这些对自己来说最珍贵的目标或关系会如何变化。

我现在的经济状况怎么样

经济状况在任何决定中都很重要。有些人可能在经济上没有做好成为父母的准备，也有些人因为无法承担孕晚期终止妊娠的费用而被迫生下孩子，我们至少要避免这种因为费用问题而做出不情愿的选择的情况。

在韩国，如果怀孕了，政府会提供一张"国民幸福卡"，里面有差不多60万韩元的医疗费。最好尽快到医院确认自己是否怀孕了，然后接受援助。

是否有人支持我的选择

如果分别选择"生下孩子""将我的孩子送养""终止妊娠"，周围有支持我的人吗？与其独自苦恼，不如和父母、咨询师或值得信赖的朋友聊聊。如果很难向周围的人倾诉，可以向帮助青少年、专为青少年提供咨询的机构寻求帮助。

中国大部分城市都有由省市级妇幼保健院、省市级医院成立或与公益组织、民间机构合作的未成年人意外妊娠救助中心，例如河南省青少年意外妊娠援助中心、重庆市少女意外妊娠援助中心等。某些医院及相关机构设置了24小时少女非意愿妊娠求助热线，为非意愿妊娠的少女减免终止妊娠手术的费用。同时，还帮助广大少女正确地处理生殖健康问题、为非意愿妊娠的少女提供医学咨询和帮助、开展青少年生殖健康知识咨询、指导她们进行紧急避孕等。

如果决定终止妊娠

决定终止妊娠时，怀孕12周内可以选择吃药或做手术，这两种方法只需要1天左右的时间，副作用和后遗症比较少。怀孕的时间越久，终止妊娠的风险就越高，恢复需要的时间也越长，还会给身体带来更大的负担。因此，如果怀疑自己怀孕了，就应该尽快去医院检查。

用药物终止妊娠

在医生的指导下服用终止妊娠的药物，这时和自然流产一样，出血和疼痛会持续1~2天左右。100人中只有1~5人服药后可能需要进行手术。

通过手术终止妊娠

通过放入具有吸入功能的极小的管子来吸取胎囊。手术所需时间为10~15分钟左右，当天可以出院。麻醉剂的副作用和手术器械可能会导致子宫损伤或出现后遗症。每100人中有1人可能需要再次进行手术。

我有权决定我的身体

不受国家干涉，可以自行做出有关自己身体决定的"自我决定权"是国际法赋予的人权。然而，以前女性的自我决定权并没有得到保障。韩国在1953年制定的刑法中规定终止妊娠为犯罪。选择是否终止妊娠是直接关系到女性健康和生活的重要决定，但那时候这竟然是由法律、法官和伴侣替女性决定的事。由于社会上把终止妊娠视为错误的事情，所以想终止妊娠的女性不仅得不到正确的信息，而且很难接受安全、人性化的诊疗。2019年4月11日，韩国将终止妊娠定为犯罪的"堕胎罪"被判定违反了人权和宪法。从2021年1月1日开始，在韩国终止妊娠不受处罚，韩国女性重新找回了对自己身体的自我决定权。

听说终止妊娠会导致以后无法生育，这是真的吗？

在终止妊娠被视为违法行为的过去，怀孕的女性只能采取喝毒药或使用尖锐的器具等危险的方法来终止妊娠；医院主要采用刮除子宫内膜的刮宫手术，该手术中使用的器械很容易引起并发症。自20世纪90年代起，医疗机构开发了诱导流产的药物和吸入术，如今在正规的医疗机构终止妊娠非常安全、卫生。

当然，服药或做手术随时都可能产生副作用。如果因为终止妊娠不顺利而需要再次接受手术、出血过多，或者多次终止妊娠，子宫内膜可能会出现问题。一定要与医护人员慎重商议，不要忘记做好避孕措施！

第三章

身体与世界

随着时代的变迁，我们的身体受到了不同的影响。因此，要想更好地了解我们的身体和权利，有必要了解当今社会的政治、经济、文化。现在，社会是如何对待女性的身体的？

性对象化

大家在网上搜过男高中生的图片吗？搜索结果一般都是穿着校服的男生的照片，以及男艺人和普通人的毕业照。那试着搜索一下女高中生，会出现什么呢？不要被吓到，此时可能会出现"需要成人认证"提示。当然，其中也有穿着校服的普通学生的照片，但相比之下，过度暴露的图片更多。不然相关搜索词怎么会显示"19+"或"发育"呢？

再想想网络游戏中的女性角色吧。她们中的一半人穿着比基尼或者侧开衩、前开衩的裙子。令人惊讶的是，这样的服装竟然是她们战斗时穿的服装。而且，女性角色的形象总是强调乳沟或身体曲线。我们熟悉的女性形象去哪里了呢？

什么是性对象化

动漫中高挺着胸部、扭着腰的女高中生形象，以及游戏里腰和竖放的A4纸一样窄、胸部和脸庞一样大的女性角色，究竟是如何设计出来并成为固定形象的呢？这都是因为设计者没有思考过真实女性的外貌。实际上，他们根本无法想象学习、玩耍的女高中生和肌肉发达、穿着结实的盔甲或手持巨大武器的女战士的样子。再加上女性只被解释为"与男性身体不同的个体"，所以他们用不现实的比例来体现胸部大、腰细、臀部突出等身材特征。在他们眼中，女性并不是有性格和特征的存在，而是只拥有身体曲线的存在。

他们不是将女性解释为真实、有感情和人格、会主动思考的存在，而是将女性像事物一样表现出来，这就是对象化。特别是在强调女性身体特征的同时，将身体视为客体，而不是性主体，这就是性对象化。在谈论女性时，只想到身体的特定部分或想到特意强调某个部分的姿势，就是因为性对象化。

即使换成其他身体也不奇怪

在常见的酒类广告中，男模特儿通常会表演和朋友一起度过愉快的时光或喝着凉爽的啤酒获得刺激的样子，而女模特儿通常会扭动纤细的腰肢或穿着贴身的衣服露出背影。这类广告的制作者似乎根本不想展示酒有多美味，也不想展示酒能让人多么愉悦。在众多广告海报中，女性只以拥有苗条身材的形象出现。实际上，这种苗条的身体即使换成其他身体也不奇怪。

凝视女性身体的文化

将女性对象化的社会文化导致描画女性的方式千篇一律，这也是为什么在众多游戏、漫画中看到的女性角色没有太大区别。她们穿着相似的衣服，摆着相似的姿势，说着相似的台词。她们的胸部和臀部异常大，甚至有很多与情境和季节不符的裸露状态。这种形象和性对象化有一定联系。构图重点不在于体现角色，而是将视线集中在胸部、腹股沟或臀部，游戏玩家和读者就会习惯性地关注乳沟和裙底。

在如此看待女性和女性身体的文化背景中生活，不知不觉中女性也习惯了这种视线。就像别人看着自己的身体一样，女性也会评价自己的身体或者优先考虑对别人展现出的魅力的价值。在所谓的"外貌评价"和"身材评价"像游戏形象一样被接受的社会里，连拥有正常体重的女性都觉得自己应该减肥，并不停地思考自己的身体还有什么缺陷。

157

小浪汇聚就会变成波涛

如何彻底摧毁这样的恶性循环呢？当然，这看起来并不容易。但逐一尝试的话，会怎么样呢？实际上，人们的声音聚集在一起，就会逐渐引起变化。反复对小女孩的嘴唇进行特写的冰激凌广告被下架了，在赛车比赛中挥舞旗帜的赛车女郎也消失了。

我们在各自的位置上都试着掀起小小的波浪怎么样？如果有平台播放贬低女性或对象化的内容，一定要坚决、强烈地抵制，并积极举报。随着各种小小的实践的积累和延续，比起被展示的女性，发言的女性会增多，女性的身体将不再被评价、被碎片化，而是以具有人格和能力的独立个体形象出现。

我喜欢的艺人穿着护士服出现在音乐视频中，结果被指责为性对象化，引起了争议。只是穿了护士服而已，为什么会涉及性对象化呢？

首先，我们比较一下在医院里见到的护士服和音乐视频中出现的护士服。实际上，为了能够长时间行走，护士会穿平底鞋、方便工作的白色工作服。音乐视频中的护士则穿着紧身衣或胸部裸露的衬衫、短裙以及高跟鞋。要想在病房里奔波，照顾患者，绝对不可能穿这种衣服。那么音乐视频中的形象到底是在刻画护士还是通过模仿护士来刻画某些形象呢？假护士服（扮演护士时穿的服装）在成人用品店很容易买到，而且都是挂着"性感护士服""裸露护士服"等标签售卖的。

现实中的护士抱着救死扶伤的崇高目标努力考取专业资格证，但有些人总是对这个职业群体添加性形象。当大众文化将这两种形象混在一起时，护士的安全真的能得到保障吗？护士遭受性骚扰的现象屡屡发生，作为专业医疗人员却得不到尊重的现实与将护士这一职业和性感挂钩的文化并非没有关联。

如果没有贬低或将其性对象化的意图，就应该刻画真实的形象。要想进行不贬低他人人格、不伤害他人感情的艺术创作，就要以尊重客观事实为前提。

厌女

　　2016年5月，在韩国首尔地铁江南站附近的商业街卫生间里发生了一起可怕的事件——一名男子用刀刺死了与他素不相识的女性。事后，其他女性纷纷在江南站周围贴便笺，将对受害者的哀悼和作为女性产生的共鸣写在上面，共同抗议毫无原因攻击女性的恶意行为。

　　如今，很多人感受到厌女已经成了重要的社会问题之一。但是，一部分人认为这只是一些拥有极端反社会人格的人犯下的罪行，另一部分人认为自己随时都有可能成为受害者，他们之间在认识和经验上存在很大的差异。

"讨厌"和"厌恶"是不一样的

看网络漫画是一种任何人都可以轻松享受的休闲方式。在总是快速反映时代面貌的网络漫画市场上，女性叙事正在重新崛起。另一方面，网络漫画也是不断引发厌女争议的阵地。2020年8月，韩国甚至出现了要求中断连载厌女漫画的国民请愿。那些漫画里究竟有什么内容，又是如何体现厌女的？为什么会严重到让人们向政府请愿呢？

人们对网络漫画表现女性角色的方式提出了质疑。与辛苦挣钱的男性角色不同，漫画中的女性角色一到假期就去酒吧工作，赚钱很轻松；工作能力很差却靠可爱的表情和外貌在竞争中获胜……这些内容都因为厌女而引起了争议。

"厌恶"含有憎恶的意思，和一般的"讨厌"完全不同。厌恶是一种以某种偏见为依据来判断或理所当然地接受这种偏见的文化。真的如那些网络漫画中描绘的那样，女性只要有心就能轻松地赚钱，即使没有能力也能通过被上司看好的方法轻易地在竞争中获胜吗？不，那只是一部分人的偏见而已。然而，毫无问题意识地散播这种理论，很容易让人产生这样的错觉。

以弱者为对象的玩笑

有些网络漫画以纵火、抢劫或杀人为素材，但是，读者看完之后并不会觉得"每个人都能杀一次人"，也不会支持犯罪的角色。每个人都知道这些行为是犯罪，一致认为这些行为不应该发生在现实中。大家只不过是在这些现实中很难发生的事情里获得一种宣泄，或者在惩恶扬善的结局中感到痛快。如果看那些蔑视弱者或有偏见的漫画时感到痛快，就是有问题的。那不是言论自由，而是针对他人的暴力。重要的不是里面单纯地包含什么内容，而是如何描述，从而让读者将感情投入到哪个角色身上。

特别是以弱者为对象的玩笑，无论意图如何，都很容易成为一种广泛传播偏见的暴力形式。拥护这些有问题的网络漫画的人认为，这种网络漫画才是真实反映现实的。

被偏见困住的厌恶

偏见是厌恶的基础，是倾向于对某个团体产生特定印象，而不判断个人差异特性以及是否属实的想法，就像有人认为"韩国人执着于金钱，不停地工作"一样。如果有人说"你也是韩国人，所以你当然会那样"，你会有什么想法呢？可能不会觉得对方很了解自己吧。

偏见不一定只隐藏在负面的表述里。例如，"女性都拥有母爱，忍耐力强，很会照顾他人"这句话中也包含对女性的偏见。这正是被固定观念束缚的表现。不经过任何思考或验证就传播这样的内容，正是厌恶的核心。将弄清楚自己的需求并进行消费的女性称为"大酱女"[1]，将具有牺牲和奉献精神的女性定义为"概念女"[2]，也是厌女的体现。

女性要敢于讲话，敢于思考

父权制社会一直将被动、安静的女性视为理想女性。但现在，女性不再对很多事袖手旁观了。一位没有意识到时代已经改变的男性喜剧演员曾在节目中说不喜欢那些"强势、吵闹、善于说话、善于思考"的女性，也多亏了他，女性从此获得了这些新的标签。为了不再让这种话出现，让那些把对弱者的偏见当作笑柄的创作者反省，不让贬低女性的单词成为流行语，我们必须敢于发声，敢于思考，敢于行动。

---

1. 韩国流行词，指喜欢喝星巴克咖啡、消费海外名牌，但自身没有经济实力，要么依靠父母，要么依靠男朋友的女性，具有讽刺、贬低的意味。——译注
2. 韩国流行词，指行为举止符合主流男性社会希望的女性形象的女性。原本很多女性认为"概念女"是中性词，指"有概念的女性"，但由于女权主义者持续讽刺"概念女"这一称呼，大多数年轻女性便不再认为"概念女"是一种积极的表达。——译注

媒体文化

　　《和朴元淑一起生活吧》是一档内容为几名艺人离开
她们居住的首尔，一起生活一段时间的综艺节目。大家
是不是觉得艺人一起出去玩是很常见的设定？虽然是这
样，但这个节目的有趣之处在于出演者。她们是平均年
龄为68岁的女演员，生动地展现了她们最真实的样子。
这些女演员经常在电视剧中以母亲的身份登场，煽动主
人公之间的矛盾或者慰藉主人公的心灵。通过这档综艺
节目，观众可以看到每一个人都有鲜活的个性，这一点
令人耳目一新。为什么这个理所当然的事实会让人觉得
新奇呢？

　　我们一起来看看过去在媒体中接触的女性形象是什
么样的，以及如今她们的形象发生了什么变化吧。

很难在媒体上看到的女性

近20年来，很多电视节目（特别是综艺节目）都是以一群人为基础制造笑料的。虽然每个节目中的人员组合不同，但是相似的基本成员都活跃在各个节目里。

在男艺人占领媒体节目的过程中，很难找到女艺人的身影。即使女艺人出演了，很多时候也只是扮演被赋予了刻板印象的角色。在男性分组进行有关自尊心的竞争或进行只有关系比较亲密的人才能做的恶作剧时，女性往往只能成为男性出演者的搭档或辅助角色。

辅助男性的女性

最重要的是，女艺人总是被要求展现和蔼的态度和明朗的笑容。即使是无理的要求，也要面带微笑地答应。例如要在比自己年长20岁的男性中挑选理想型，或者与他们亲密接触。只要表现出一点儿讨厌的样子、不怎么笑，或者毫无表情，马上就会引发争议。比起用自己的角色讲述自己的故事，她们更多的只是表演指定角色而已。

不仅是综艺节目，在女性和男性共同担任主持人的新闻或其他节目中，很多女性只是起辅助男性的作用，而且女性的年龄比男性小的情况很多。从这一点可以看出，媒体中的女性形象是多么刻板和有限。

女性证明的女性能力

横扫各种综艺节目的喜剧演员张度妍虽然对脱口秀很有自信，但没有媒体给她说话的机会。喜剧演员宋恩伊和金淑也有过无处立足的时候，以她们为代表的女性近几年积极在网络平台上制作展现女性声音的节目。

向我们证明40多岁的女性也能消化丰富多样的内容的"VIVO TV"、向我们展示身材壮硕的女性也能充分运动和享受运动的"今天开始运动胖胖"等各种节目都展现了以前很少见的女性形象。

需要严格审视的契机

如今，展现各种女性面貌的节目不断出现，让女性担任重要角色的媒体也在不断增加，这是值得高兴的事情。多亏了女性艺人的努力和热情，观众的感受性也比以前更敏感了。他们以严苛的标准评价媒体，不再容忍无礼对待女性的方式。

我们要继续保持这种态度，不要再关注那些为了博眼球而贬低女性、戏弄女性的综艺节目以及展示女性身体的游戏或网络漫画，而要勇敢地留下批判的留言。为了不把将对女性的暴力包装成浪漫电视剧的场面看作理所当然的事，我们应该积极留下评论，适当地利用社交媒体的举报功能也是不错的方法。

　　别忘了，关注什么媒体、支持谁、为什么事欢呼，这些小事一点点地积累起来，才能创造女性叙事的新历史。

我们需要更多女性
叙事作品

我想问一个问题，你最近看过的电影是否满足以下3个条件：有2名以上有名字的女性角色出现吗？她们是否互相对话了？对话里是否有与男性无关的内容？

一定有人会说，这是什么奇怪的问题。其实，这是通过贝克德尔测验的3个条件。贝克德尔测验是1985年美国漫画家艾莉森·贝克德尔为指出好莱坞电影界存在的性别歧视而发明的测试。这三个标准看起来很简单，但令人惊讶的是，很多电影都没能通过贝克德尔测试。

但是，最近发生了一些变化。以女性为主人公或以女性为中心叙事的各种作品备受关注。观众也希望看到独立、立体的女性角色，而不是被完美的男性保护或者在负责解决问题的男性主人公身边起辅助作用的女性角色。

如果以后想看到更多的女性叙事作品，就不能放低我们的评判标准。我们将自己认为很重要的条件结合起来，做一个属于自己的贝克德尔测试怎么样？这样的话，欣赏电影的时光也许会更愉快。

煤气灯效应

假设有人经常听到"我知道你会做得很好""我相信你""做得真棒"之类的话，也有人总听到"又这样了吗""我就知道你肯定会惹事的""说实话，你真的没有天赋"之类的话，随着时间的流逝，这两类人会有什么不同呢？俗话说"称赞能让鲸鱼跳舞"，如果遇到同样的问题，得到了很多支持和鼓励的人是不是能更好地克服困难呢？我们总是会受到别人的话语、行动和评价的影响。

有些话会鼓励我们做更多事，有些话却相反，能够随意摆布和掌控人的感情和内心。怎样才能避免陷入这种语言陷阱呢？

都是因为喜欢你才这样的

《全部都是李雅莉》是一部记录艺名为李雅莉的作家经历约会暴力的网络漫画。这部漫画引起了很多人的共鸣，因为它如实反映了任何人都有可能成为约会暴力的受害者，以及受害者的无助感和恐惧感。

在这部漫画中，加害者的行为中特别引人注目的是"执着和控制"，他以爱对方为理由，禁止受害者与他人见面，控制受害者的人际关系和日程，将"为什么把我变成奇怪的人""没有你我就活不下去"等话挂在嘴边。故事中的李雅莉说："加害者想把我变成一座没有他就什么都做不了的'孤岛'。"

让你无法相信自己的煤气灯效应

一部古老的惊悚电影《煤气灯下》讲述了一个男人将继承了姑妈财产的妻子逼到精神错乱的故事。电影中一开始就盯上了妻子财产的男人制订了周密的计划，将妻子变成了病人。他以帮助妻子稳定下来为由，不让其他人接触妻子，然后通过偷偷将东西藏起来或说谎的方式让妻子逐渐无法相信自己的判断。妻子说一到晚上煤气灯就会变暗，男人却说是因为她身体不好才会有这种感觉，一直搪塞并无视。最终，妻子无法相信自己看到的、感受

到的事，更加依赖丈夫。男人的计谋得逞了。

就像电影《煤气灯下》中男人对妻子所做的以及漫画《全部都是李雅莉》中的加害者做的那样，操纵别人的情绪和感觉，使其不再相信自己的行为被称为"煤气灯效应"。

不知不觉中掉进的陷阱

煤气灯效应通常是力量较强的人对力量较弱的人使用的。知识更多、年龄更大或地位更高的一方更容易行使支配权。如果受害者开始不相信自己，关系越亲密，就越依赖对方的话语或行动。

如果习惯了这种关系，即使以后受到不公正的待遇，也很难看清问题的本质。即使自己感受到担心或不愉快等危险信号，也会先考虑对方的想法，而不是自己的心情。依赖他人的时间越长，维持关系就越重要。害怕分手，害怕再也见不到对方，害怕对方对自己发火，害怕对方失望，所以故意装作不知道自己的心情。这种情况在恋人之间很常见。如果不擅长建立关系，这种情况就很容易出现，双方都难以察觉到。

以下是韩国约会暴力研究所提供的煤气灯效应自我判断清单。

不知道为什么，事情总是按照对方的想法进行。

对方对自己讲过"你太敏感了""这就是你被忽视的原因""即使被批评也要忍着""我没说过那样的话，肯定是你自己想象出来的"之类的话。

经常为对方的行为向周围的人解释。

见到对方之前要先检查一下自己有没有做错事。

害怕被对方胁迫而说谎。

和认识对方之前相比，变得没有自信，也无法享受生活了。

避免落入陷阱的方法

如果不想掉进煤气灯效应的陷阱，就要培养相信自己的能力。请相信自己内心的感觉，尤其是在心软或者遇到困难的时候，会很容易过分依赖自己遇到的人，一定要特别注意。即使遇到的是能帮助自己的好人，偶尔也需要思考一下这段关系是否健康，自己的语言、身体和感情是否得到了充分的尊重。

只专注于一个人，会很难把握这段关系，所以请尽可能多地寻找生活中喜欢或珍惜的东西。音乐、运动、推理小说、偶像都可以，更不用说朋友了。如果身边有人能客观地帮你分析情况，就能让你知道"煤气灯"是否真的变暗了。

请记住，让我们的自尊动摇的人并不是好的恋爱对象，只有那些让我们逐渐变好的人才是好的恋爱对象。

性暴力

　　有多少女性在日常生活中经历过性暴力呢？据韩国女性家庭部《2019年性暴力安全实态调查》结果显示，18.5%的韩国女性一生中会经历1次以上身体接触带来的性暴力伤害。如果把通过眼神或语言进行性骚扰、单方面的性器官暴露等没有身体接触的情况算进去，数量会更多。最近，由于数字化不断发展，性暴力的类型也越来越多样。

　　本书不会告诉大家如何避免性暴力，因为受害者在性暴力中是没有责任的。作为当事人、助力者和社会成员，我们应该一起思考如何减少和解决社会中的性暴力问题。

性暴力的概念和传统观念

性暴力是一种侵犯他人性决定权自由的行为。从单方面的性骚扰到通过暴力胁迫的性侵行为，所有违背对方意愿施加的身体和精神方面的暴力都是性暴力。加害者可能是在街上第一次见的人，也可能是认识很久的恋人或配偶。没有经过同意的性交都属于性暴力。

这时最需要注意的不是"性"，而是"暴力"。虽然对于经历了交通事故或失窃事故的受害者，所有人都认为应该给予安慰，让加害者受到应有的处罚，但很多人认为性犯罪不同于这些。这些人首先想到的可能是"受害者有没有找借口""受害者和加害者是不是恋人关系""受害者是不是在污蔑对方"。很多人错误地认为性暴力也是多种性行为中的一部分。

其实，性暴力是损害他人人权和尊严的重大暴力犯罪。因此，受害者和其他犯罪事件的受害者一样有权受到保护，加害者也应该受到惩罚，这才符合社会正义。

纠正对性暴力的误解

很多人仍然对性暴力存在各种误解，下面将对有代表性的误解进行说明。

性犯罪的原因是受害者的穿着吗

如果性犯罪是短裙或紧身衣引发的，那么性犯罪应该是多发于夏天的季节性犯罪。但在现实中，即使是在用厚衣服把自己包裹得严严实实的冬天，也难免会发生性犯罪。也就是说，性犯罪与受害者的穿着无关。2018年，有人在比利时的首都布鲁塞尔举办了一场活动，展示了一些受害者在被侵犯时穿的衣服。有校服、睡衣、画着卡通人物的衣服，都是非常普通的衣服，表明性犯罪和受害者的穿着没有任何关联。质疑受害者的穿着是将犯罪的责任归咎于受害者的二次加害。

性犯罪是男性的本能，没有办法吗

韩国刑事政策研究院对佩戴电子脚链的性犯罪者进行调查的结果显示，预谋性犯罪是偶发性犯罪的2倍。另外，犯罪地点多为受害者家中，据说加害者因为担心被逮捕，平均会移动到40千米以外的地点犯罪。如此周密地准备犯罪，真的是出于本能吗？将犯罪原因错误地归结为男性的本能，会导致对犯罪者处以较轻的刑罚。

性犯罪的受害者只有女性吗

据韩国性暴力咨询所2019年的咨询统计，92.1%的性犯罪受害者的性别是女性，女性受害者人数占绝对多数。但是，仅从学校和补习班发生的事例来看，男性受害者的比例也不低，占15%。受害者的年龄越小，男性受害者的比例就越高。这意味着性犯罪不是单纯的性别问题，而是权力（力量）问题。权力关系越明确，弱者就越有可能成为受害者。

积极反抗可以阻止性犯罪吗

只要明确地拒绝，就可以阻止非自愿的性接触，这种情况只存在于相互尊重的理想关系中。在性犯罪中，很难单纯地以"不喜欢、不愿意"等拒绝的话语避免受害。另外，发生肢体冲突时，受害者可能会受伤，甚至加害者会因为担心被逮捕而犯下杀人等更大的罪行。特别是在职场或同种职业群体内发生的性暴力中，因为涉及前途和生计问题，受害者往往处于更弱势的位置。因此，我们不应该追究受害者为什么没有积极反抗。

始于权力关系的暴力

现在，假设你看到了以下新闻，想想哪些词语可以很自然地与A和B替换。

> "性暴力事件再次发生。据说加害者（Ａ）趁受害者独自一人时作案，受害者鼓起勇气报了案。受害者是（Ｂ）。"
>
> 老板－兼职员工／下属－上司／新人演员－老演员

我们来想象一下适合与Ａ替换的词语的特征吧。性犯罪通常由年龄更大、地位更高或对对方有绝对影响力的人实施。换句话说，性暴力是掌握了某种决定权的人为了控制或折磨对方而炫耀力量的犯罪行为。

特别是韩国社会强调垂直的等级秩序，很多人认为默默地遵从指示、不积极发表意见是下级应该做的。在这种氛围下，即使遇到不公正的事情，也很难抗议或积极地表达意见。在这种文化中，性暴力更难阻止。因此，为了建立没有性暴力的社会，我们不能单纯地将注意力放在性犯罪者的性欲上，而是要留意这个社会的歧视和偏见在哪里以及它是如何发生作用的。

性别刻板印象和性暴力

几乎不会有人承认自己是性别歧视主义者，但还是有些人认为男性可以在外面乱玩、可以出手阔绰，女性不能上夜班、要经营好家庭、打扮端庄。这种刻板印象是一种偏见。

尤其是人们总积极地鼓励和支持青春期男性表达性欲，而对于青春期女性，则教导她们要保护好自己。"因为是男性，所以才会那样做"，这种唯独对男性性行为予以宽容的社会氛围会让人们对性骚扰、非法拍摄等性暴力麻木不仁，反而追究受害女性的责任。

性暴力和性别刻板印象是紧密相连的。因此，为了打破性别刻板印象而做出的努力将成为建立一个没有性暴力的社会的重要基础。

不是受害者的错

正如前面所说的，一直以来，我们的社会都存在一旦发生了性暴力事件，就把责任转嫁给受害者这个问题。甚至将受害者的外貌视为犯罪原因，认为是因为受害者长得好看才会那样的。这种偏见不仅使受害者非常痛苦，还会使他们在人际关系和社会生活中受到不利影响。现实社会的这种看法会让受害者害怕世人的视线，从而隐瞒受害事实。

我们不能不保护受害者，更不能让受害者接受二次加害。实际上，很多经历过这种痛苦的人会感到不快，觉得自己被侮辱了，甚至会责怪自己。我们应该让加害者获得应有的惩罚，而不是让受害者因此萎靡不振。

平时可以进行的练习

- 当有人说令你不愉快的话或试图进行你不愿意接受的身体接触时，用低沉、坚决的声音说："不要这样！"
- 对试图将性骚扰当作玩笑的人果断地说："这是性骚扰！"
- 如果在公共场所遭受了性暴力，请向周围的人求助。
- 事先想好如果遭受了性侵，应该第一时间通知谁，去哪家医院。

我们平时应该多进行以上练习。如果在想象中进行练习，真正遇到性暴力时才能更熟练地应对。参加自我防御训练也不错，可以让我们知道在身体受到威胁的情况下如何应对。发现自己内心的力量并了解自己内心的极限的过程本身就很有趣，但最重要的是，它能让你学会以多种方式应对危险的情况。

在中国，部分省市设有校园欺凌举报平台，许多学校自主设置或和当地公安机关联合开通了校园暴力举报电话或求助平台。如果遇到了性暴力，报警是最直接的途径。也可以通过拨打

12348中国法网服务热线查询各省法律援助中心的联系方式。

实际上，也存在因为太惊讶或太生气而无法正确面对的情况。但是没关系，这是正常的。无论选择怎么应对，都不是受害者的错。明确了是谁的错，即使愤怒难以消散，也不要责怪自己。

应对性暴力的方法

虽然我们都希望不要发生这样的事情，但就像在路上突然摔倒了一样，我们可能会遇到一些意料之外的情况。如果遭受了性暴力，一定要记住以下几点。

我什么错都没有

无论在什么场合、穿什么衣服、如何认识了对方，任何人都不可以随便对待自己。请深呼吸，准备进行下一步。

寻求帮助

向有丰富的处理性暴力案件的经验、不会随意判断或评价受害者的专业机构寻求帮助。

中国公安报警电话	110	
中国妇女、儿童维权热线	12338	由全国妇联设立，主要为妇女、儿童提供法律、婚姻、家庭、心理、教育等方面的咨询，并受理有关妇女、儿童的侵权案件。

必要时马上去医院就诊

医院的诊疗记录可以作为法律依据，及时就医也可以规避怀孕或性传播感染的风险。如果下定决心去医院，不要清洗身体和衣物。留在身上的痕迹（伤口、异物、对方的皮肤组织等）都可以作为证据。

想清楚自己的诉求

可以自己考虑，例如要求依法处罚加害者、获得道歉和适当的补偿、让加害者远离自己并确保不会再和自己见面等，也可以寻求专业机构的帮助，从法律层面考虑。

试着写下来

虽然这可能是一段难以面对的回忆，但是用文字记录下来，反而可以让自己用客观的眼光看待这件事。用文字记录自己对哪一点感到愤怒也是自我治愈的过程。如果有机会，可以选择用语言讲述，在性暴力幸存者演讲大会等场合倾听别人的故事，倾诉自己的故事，这个过程只有经历过类似事情的人才能相互分享，相互获取能量。

成为助力者

自己鼓起勇气迈出的一步、说出的一句话，也有可能成为阻止性暴力的契机，例如拍下在地铁上偷摸醉酒女性的男性并报警，或者斥责性骚扰的男性。

询问对方

如果觉得对方遇到了困难，可以询问对方"要不要陪你""你需要帮助吗"。

提醒对方注意

可以打断对话，将疑似加害人的注意力引到别的地方，让陷入尴尬处境的人躲到安全的地方。如果对方喝醉了，可以倒点儿凉水给她，也可以通过"有点儿无聊，我们做点儿别的吧""我肚子饿了，出去吃点儿东西吧""我有点儿头晕，要不要一起去吹吹风"等话语来提醒对方注意。

吸引周围的其他人

独自站出来阻止可能会不安全，如果可以，把值得信赖的人一起叫上，例如其他朋友、保安、酒吧服务员，必要的话可以叫上警察。

跟踪不是浪漫

被歪曲为"表达爱意""纯情男""浪漫"形象的代表性性犯罪就是跟踪行为。毫不顾忌对方的感受，持续接近、监视、跟随或躲起来等待的行为都是跟踪行为。这是一种可以毁掉一个人的人生，甚至可以看作杀人前兆的严重犯罪行为。

尽管如此，在韩国，跟踪一直被认为是个人轻微的越轨行为，处罚很轻。认为这存在一定问题的民众从很久以前开始就要求制定阻止跟踪的相关法律。韩国第21届国会提出了6项跟踪犯罪处罚法条，并于2021年3月24日通过了。根据这些法条，在未经对方同意的情况下反复跟踪的加害者将被处以3年以下有期徒刑或3千万韩元以下的罚款，携带凶器的加害者将被处以5年以下有期徒刑或5千万韩元以下的罚款。

跟踪犯罪处罚法规定的跟踪行为

有意接近、尾随受害者或挡住受害者的去路

直接或通过第三者将物品送给受害者，在受害者附近放置或损坏物品

在受害者的居住地、工作场所、学校等处等待或观察受害者的行为

用受害者的亲人、朋友等亲近的人的生命来威胁受害者的行为

利用邮件、电话、传真、网络等媒介发送文字、语言、符号、音频、影像、图片等

数字化性犯罪

　　2020年，由两名女大学生组成的"追踪团火花"[1]向世人展示了某在线聊天室的真实面目——买卖性剥削视频。人们震惊地发现，有人将受害者称为奴隶，非法拍摄性剥削视频并共享受害者的个人信息，参与者至少有几万人。虽然运营聊天室的人已经被逮捕并受到了审判，但由于匿名对话应用程序的特性，谁也不知道能否找到所有的参与者并给予他们应有的处罚。

　　为了防止性犯罪再次发生，我们应该考虑如何改变当前的社会文化，以及如何改善教育。

---

1. "N号房"案件的最初报道者。——译注

将注意力集中到加害者的罪行上

数字化性犯罪是指利用相机或网络等数字媒体对他人进行性骚扰。未经当事人同意就擅自将对方的照片或影像发给他人，这显然属于性犯罪。从散播熟人或恋人的照片、视频、个人信息，到通过网络诱导受害者制作非法性剥削视频并传播，数字化性犯罪的类型多种多样。拍摄非法性剥削视频的人、上传和发布的人、提供储存空间的企业以及观看的人都是犯罪者。

令人难过的是，卷入这类事情的受害者被人们指责为什么要拍照或拍摄视频。这种指责只会对受害者造成二次加害，对解决犯罪没有任何帮助。"本就不该拍"之类的话强化了"女人一定要注意身体和举止"这一刻板印象，并为犯罪者提供了免罪符。数字化性犯罪的受害者大部分是女性，很多情况下是因为前任恋人怀恨在心，为了让对方丢脸而散布私密视频。由此可以看出，这种刻板印象是性犯罪的基础。因此，我们更需要将注意力放在加害者的犯罪行为上，而不是关注受害者的行为。

日常行为竟然会成为犯罪的素材

有些犯罪者将在街头或卫生间等地非法拍摄的视频、将社交媒体或毕业相册中的普通照片与性形象合成后制作的视频上传到网上。最近，人们一直使用的"偷拍"这一意义较轻的词汇逐渐被"非法拍摄""性剥削视频"等与犯罪有关的词语替代。我们不知道谁会在什么时候成为这种犯罪的牺牲品，也许许多非常平凡的日常行为也有可能成为犯罪的目标，这引起了很多女性的恐慌和愤怒。

这些视频都存在一个问题，即把女性的身体视为赚钱的手段或作为玩具进行消费。特别是在韩国，虽然制作性剥削视频本身是非法行为，但由于没有制定量刑标准，所以给予轻微处罚或干脆不处罚的情况非常多。我们应该从个人做起，拒绝观看非法拍摄视频，也不上传此类视频。同时，要推动完善法律制度，让所有参与犯罪的人都受到应有的处罚。

人工智能换脸技术

这是一种以人工智能为基础的图像合成技术，被恶意用于将特定人物的脸和身体合成性图像或视频等犯罪行为。

线上儿童性诱拐犯罪

我们很难看出谁会犯罪。有时人们会向不亲近的人吐露心声，比起了解自己的家人、每天形影不离的朋友，偶尔和在社交平台上认识的陌生人对话反而更轻松。但有些人会恶意利用这种情况，他们通过搭话，满足受害者微小的请求，让受害者逐步放松警惕，然后逐渐提出无理的要求。这时，受害者会认为"我们关系不错，而且对方经常帮助我，我也应该做点儿什么"，便答应对方的要求。也有通过长时间聊天，被加害者知道太多个人信息，从而被找上门威胁的情况。还有些受害者因为害怕对方在某处公开自己的个人信息而不得不答应对方的要求。

这种线上儿童性诱拐犯罪主要将儿童或青少年作为犯罪目标，年龄越小，要亲切对待他人的固定观念就越强，而且由于这些群体缺乏建立人际关系的经验，不清楚什么是无理的要求。即使他们成了受害者，很多情况下也没有意识到这个事实。

应对数字化性犯罪的方法

我们有必要进行一些训练，让自己能够快速、准确地认识到自己对他人语言或行动的感受，并及时将其作为危险信号来看待。比起成为一个无法拒绝他人的善良的人并因此陷入危险，成为懂得守护自己安全的人更好。大多数进行儿童性诱拐犯罪的人会通过社交平台接近受害者，使用社交平台时我们应该更加谨慎。

如果有人通过社交平台或短信等方式威胁你，一定不要回复。例如如果不按照指示去做，就会入侵你的手机，将所有照片和对话传播出去；只要见一次面就会删掉之前所有有关性的对话记录；只要将对方想要的身体照片发过去就不会再欺负自己。在实际的儿童性诱拐犯罪事例中，威胁都不止一次，加害者会变本加厉，强迫受害者做出更加露骨的有关性的行为，甚至威胁要举报受害者进行过性交易。

在这种情况下，一定要记住不要独自解决，而是要积极寻求帮助。如果不想告诉父母或朋友，可以在专业机构的帮助下解决。如果被对方以提供零用钱或食物为由哄骗，进行了性交易，之后被威胁如果不再见面就将性交易的事实公布，也不要害怕，因为青少年性交易的受害者是不会受到处罚的。

事实上，仅靠受害者的小心谨慎无法彻底解决所有的犯罪行为，只有加害者停止行动，犯罪才会消失。因此，必须逮捕加害者，给予法律的制裁。

安全的数字化生活指南

① 不要告诉其他人自己的账号密码，还要定期修改密码。

② 给手机设置密码或指纹识别保护措施。

③ 在网上上传个人照片或信息之前，要考虑好是否可以公开。

④ 不要在共享文件夹中保存个人信息。

⑤ 尽量避免和网上遇到的陌生人讨论性方面的内容。

⑥ 不要随意给在网上遇到的人发个人照片或信息。

⑦ 如果是第一次和网友见面，一定要带上朋友，并且在公共场合见面，或者提前告诉父母或朋友。

⑧ 如果遭遇了数字化性暴力，请立即告知监护人，积极向能够帮助解决问题的机构寻求帮助。

中国公安报警电话	110	
中国互联网违法和不良信息举报中心	12377 https://www.12377.cn/	中央网信办下设的互联网违法和不良信息举报中心

"这是我的阴道！"

　　有一部电视剧叫《性爱自修室》。遗憾的是，青少年被禁止观看这部电视剧，所以少女们可能无法看到。在这里，我想介绍其中的一个情节。

　　一天，一所学校的所有学生都收到了一张巨大的阴部照片，学校里顿时乱套了。有人说要抓住犯人，有人猜测是不是某个人的身体。后来，偷偷拍摄照片和收集非法拍摄物的人被找到了，学校警告学生们不要散布信息，一旦发现，将按校规处置。到这时为止，并没有出现特殊情况。

　　突然，事情发生了反转。在学生们聚集的礼堂里，一个女孩用颤抖的声音喊道："这是我的阴道！"实际上，这并不是她的照片。接着，其他女孩也纷纷声称那是自己的照片。

　　面对这种情况，校长生气地说："只有一张照片，怎么可能出现这么多主人？"但是，女孩们依然不停地喊道："我们都有阴道，那张照片就是我的照片！"担心被发现自己是照片主人的当事人自然地被共同声称"这是我的阴道"的所有

女孩保护了。同时，那张隐秘部位的照片也成了一张普通的照片。

　　这个小插曲很好地向我们展现了当数字化性犯罪发生时，第三方应该如何帮助受害者。也就是说，我们应该抱有"不好奇受害者是谁"的态度。

附录

对身体健康有益的
好习惯

接受妇科检查

养成健康的生活习惯

肯定"我的身体"

接受妇科检查

为什么要做妇科检查

"世界上最令人讨厌的事就是躺在让人感到屈辱的妇科检查椅上接受检查。"作为妇产科医生，这是我经常听到的话。假如我是患者，听到与妇科检查有关的负面消息，一定也会害怕做妇科检查。要消除这种莫名的恐惧感，我们有必要弄清医院的妇产科是什么地方，什么时候应该去做妇科检查。

人们总认为妇产科是专为孕妇服务的，事实并非如此。妇产科是专门关注女性健康的地方，涉及女性生殖器官、月经、怀孕、生育等各个方面。当然，十几岁的女孩也可以随时去检查。

前面提到过，如果出现了以下情况，一定要接受妇科检查。

★ 乳房在8岁前开始发育。

★ 满15岁仍未来月经或乳房发育2年后仍未来月经。

★ 初潮后6年，月经周期依然不规律。

★ 月经本来很有规律，结果突然停止了。

★ 月经量大到至少1~2小时要更换一次卫生巾，每天更换
4~5次以上。

★ 痛经过于严重，影响日常生活。

★ 小便时生殖器官疼痛。

★ 阴部出现肿块、疣、疼痛的水疱、红点。

妇产科是怎么做检查的

有些妇产科可能会在没有对精神或身体处于脆弱情况下的患者充分说明时进行过度诊疗。要想避免过度诊疗，就要正确了解妇科检查是如何进行的。如果我们事先知道将要发生的事情，做好心理准备，就可以做出更合理的决定。身体越放松，就越能舒适地接受检查。当然，如果在检查过程中感到疼痛或不舒服，也可以告诉医生，停止检查。

基本问诊

去医院后，基本上会被询问疾病史、家族史、社会经历、既往史等情况。疾病史是指至今患过的疾病种类，家族史是指家人的健康状况和疾病情况，社会经历是职业、吸烟或饮酒与否、身体活动、性生活状态、是否在避孕和性传播感染等情况，既往史是确认月经周期、经血量、间隔期间、月经疼痛程度、是否有经前期综合征、有无怀孕或流产经验、有无生育经验、是否接受过宫颈癌和乳腺癌检查等内容。

第一次做妇科检查时，即使被问到最近一次月经是什么时候、有没有性生活等问题也不要惊讶，做妇科检查的人基本上都会被问到同样的问题。另外，在医院里聊的所有事都是医生和患者之间的秘密，医生不会对任何人透露，甚至包括患者的父母或老师（但是，如果患者遭受了性暴力或处于危险状况下，医生可能需要联系警察或儿童保护机构）。

医生会根据基本问诊时确认的内容来决定患者需要接受什么样的检查。在接受妇科检查时，患者需要躺在妇科检查椅上，双腿向两边张开。即使没有性经验，不需要进行阴道检查，仅进行腹部超声检查，也要平躺着接受检查。

阴道镜检查

阴道镜检查是指为了观察阴道内部和宫颈入口，在阴道内插入鸭嘴形器具进行的一种检查。这是在宫颈癌检查、阴道炎检查以及有出血或早期羊膜破裂等情况下实施的基本检查方法。

医院一般会重复使用经过高温高压消毒的不锈钢阴道镜，但最近也会使用一次性塑料阴道镜。阴道镜尺寸不同，最小的尺寸只有小指粗细。如果患者有在阴道中插入卫生棉条或手指的经验，就可以使用。

当然，并不是每个人都必须接受阴道镜检查，如果是很难使用阴道镜进行检查的儿童或青少年，只能用棉签蘸取分泌物进行检查。和耳镜检查或鼻镜检查一样，阴道镜检查也可能存在不方便的情况。使用适当尺寸的阴道镜和水等润滑剂，可以在很大程度上减少疼痛。如果第一次接受阴道镜检查时感觉太疼，下次就可以要求医生使用小尺寸的阴道镜或润滑剂。

内诊检查和骨盆检查

内诊检查和骨盆检查是医生用双手触诊子宫和卵巢进行检查，从而确认卵巢或子宫内是否有异常肿块。医生将一至两根手指放入阴道内，另一只手放在患者腹部进行按压，判断是否正常。最近，超声检查逐渐普遍化，触诊检查的情况大幅减少，但疑似患宫颈癌或临产的患者必须接受这种检查。

超声检查

这是一种确认骨盆内部器官（子宫、输卵管、卵巢、膀胱、尿道、骨盆底肌、骨盆内血管等）状态的检查。检查月经不调或子宫肌瘤、宫颈癌等妇科疾病时需要进行阴道超声检查。没有阴道插入经验的患者会接受腹部超声、肛门超声或会阴部超声检查。如果需要准确地观察子宫、卵巢的状态，可以使用肛门超声或会阴部超声，与阴道超声的结果相差无几。阴道超声检查设备只有拇指粗细，如果患者使用过卫生棉条或月经杯，是很容易接受这种检查方法的。

宫颈癌检查

宫颈癌检查、宫颈癌细胞检查、巴氏阴道细胞涂片检查等各种检查被统称为"宫颈癌检查"。这是一种用棉签轻轻蘸取宫颈细胞，用显微镜确认是否存在异常细胞的检查方法。宫颈癌是病毒进入宫颈后发生感染，并产生异常细胞而引起的癌症。因此，如果有插入卫生棉条、月经杯的经历，最好从20岁开始，每2年接受一次检查。

如果被医生问到是否有过性生活该怎么办？

　　医生询问是否有过性生活是为了确认能否进行阴道超声或阴道镜检查，以及需要做什么样的检查，这在妇科检查中是非常基本的确认事项。但是，大部分人被问到时都会觉得尴尬。只是用手指摸了阴蒂也算吗？在阴道内插入过手指算吗？这种时候，不要拐弯抹角，只要简洁明了地告诉医生必要的信息就可以了，例如"我将手指放入过阴道里""虽然没有男性阴茎插入过，但是使用过卫生棉条和月经杯""我接受过宫颈癌检查，所以可以接受阴道超声检查"等。

养成健康的生活习惯

为了美好明天的饮食习惯

人们总说身体和心灵是连在一起的，身体健康、充满活力的时候，心情也会稳定；身体不舒服的话，人就会变得忧郁，万事都懒得做。我们一定要养成照顾身体的习惯。

尤其对青少年来说，营养非常重要，成长和第二性征发育不仅需要大量能量，而且需要摄取充足的营养。另外，青春期吃的食物对日后的饮食习惯也会产生很大的影响。为了生长、代谢和活跃的身体活动，建议青少年每天摄取2200卡左右的热量。如果运动量和身体活动量少的话，可以减少到1600~2000卡。

下面介绍9种摄取充足营养的方法。

吃饭时只关注饮食

吃饭的时候看视频或者做别的事情，很容易不嚼碎食物就咽下去，这样一来，不知道自己吃了多少食物，就会一直吃下去。要充分咀嚼食物，尽情享受食物。最好提前定好要吃的量。

吃早饭

几乎所有的营养学家都建议要吃能够提高血糖数值的早餐，最好根据上午的活动量摄取身体所需的碳水化合物和膳食纤维。

不要节食

如果某顿饭不吃，下一顿就很容易暴饮暴食。营养学家表示，想要摄取足够的热量和丰富的营养，最好少吃多餐，比起晚饭，最好在午饭时间多吃一点儿。

吃水果和蔬菜

相关研究结果表明，多吃水果和蔬菜的人比不吃的人患肥胖症、癌症、心脏疾病的风险低。

摄取铁

月经期间容易贫血，因此铁的摄入量尤为重要，富含铁元素的食物有土豆、鸡蛋、未经提炼的谷类等。番茄、草莓、卷心菜等果蔬含有大量有助于铁元素吸收的维生素C，也非常值得推荐。

喝水

一天喝8杯水比较好，水分可以将营养传递到身体各部位，有促进废弃物质和环境激素排出、使皮肤和关节变得柔软等作用。

避免摄入反式脂肪

人造黄油、起酥油等固体脂肪又叫作硬化油，为了凝固液体植物性脂肪，注入氢气，在稳定的过程中会产生反式脂肪。反式脂肪增加，血液中的胆固醇浓度会提高，如果血管壁脂肪堆积过多，患高血压等疾病的风险就会增加。人造黄油和起酥油比黄油便宜，经常用于制作饼干和面包，最好不要经常吃。

减少快餐的摄入量

价格便宜、能够快速消耗的快餐一般没有营养，因为里面添加了大量的油、糖和盐，热量很高。快餐店、便利店售卖的可以简单、快速地食用的食物大部分都能快速提高血液中的糖分，起到迅速充饥、让心情变得愉悦的作用。但是，经常吃这些食物，会缺乏成长和发育所需的营养。除了提供能量的脂肪和糖分，我们还需要摄取能够生成皮肤和肌肉的蛋白质，以及让我们的身体充满活力的维生素和矿物质。

值得注意的是，在快餐店吃汉堡包、薯条等食物摄取的热量很容易超出一天所需的能量。尽管肚子饱了，但看着眼前的食物还是想吃，很容易导致吃进去的东西比需要的量多。即使吃快餐，也要养成尽可能只吃一样食物的习惯，或者可以选择吃加入

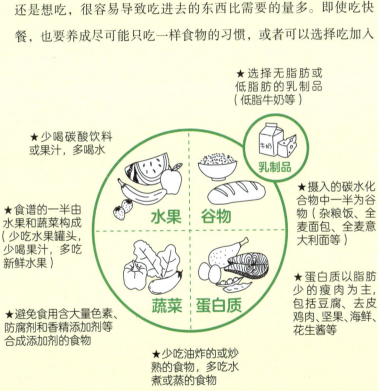

★选择无脂肪或低脂肪的乳制品（低脂牛奶等）

★少喝碳酸饮料或果汁，多喝水

★食谱的一半由水果和蔬菜构成（少吃水果罐头，少喝果汁，多吃新鲜水果）

★避免食用含大量色素、防腐剂和香精添加剂等合成添加剂的食物

★摄入的碳水化合物中一半为谷物（杂粮饭、全麦面包、全麦意大利面等）

★蛋白质以脂肪少的瘦肉为主，包括豆腐、去皮鸡肉、坚果、海鲜、花生酱等

★少吃油炸的或炒熟的食物，多吃水煮或蒸的食物

水果　谷物　乳制品　蔬菜　蛋白质

蔬菜的全麦面包三明治或者墨西哥卷饼等更健康的食物。

积极和食堂沟通

很多学校的食堂都有意见箱，好吃固然重要，但是健康更重要。可以向学校食堂提"请以多种方式烹饪蔬菜和小菜""不要果汁，要新鲜水果"等意见。学校的主人是你们，大家应该关注食谱。如果学校的伙食太差，可以积极提建议。

运动原则

有规律的运动、身体活动以及睡眠是拥有健康的身体和心灵不可或缺的条件。充沛的体力和充分的休息不仅能提高免疫力，还能为日常生活增添活力。

有人认为，自己并不是运动员，为什么要运动呢？其实运动对我们有非常大的好处。儿童、青少年时期的运动量决定了成年后患骨质疏松症或心血管疾病的概率，也决定了一生的肌肉量。身体活动时分泌的激素和神经传达物质具有降低不安心理或压力的效果，因此患抑郁症或不安障碍的概率也会降低，甚至会提高记忆力、执行力，使运动神经变得发达。

接下来看一下怎样才能保持健康（注意：健康不等于苗条）

的身体吧。

每天至少运动 1 小时

世界卫生组织建议5~17周岁的儿童和青少年每天进行1小时以上的中度以上的有氧运动，每周进行3次以上的剧烈运动。有人认为每天运动1小时会让自己很忙碌，其实我们浏览社交网站时，一两个小时很快就过去了，所以这点儿运动时间并不是很长。2020年世界卫生组织发布该建议时，韩国青少年未能实现这一目标的比例高达94.2%，特别是现在面对面授课越来越少，手机和网络越来越发达，青少年的运动量更少了。

养成乐在其中的习惯

我们要养成的不是短期运动的习惯，而是日常运动的习惯，所以最重要的就是能够享受运动。为了出汗而跑步、喝清凉的水、准备自己喜欢的运动服等，都能成为让运动变得愉快的因素。如果坚持运动，就会感受到皮肤或肠胃蠕动得到了改善、痛经有所缓解等一系列身体变化，运动时会更加愉快。

★ 听喜欢的音乐。

★ 挑战看起来很有趣的运动。

★ 不坐电梯，改为爬楼梯。

★ 为了保证每天1小时的运动量，制订运动计划（例如和宠物一起奔跑或散步20分钟、上学时走路或跑步10分钟、边看电视剧边在家运动30分钟）。

★ 制订1个月的运动目标，实现时奖励自己。

★ 不要着急，慢慢改变习惯。

少吃多动

偶尔会有青少年问能不能少吃、少运动。我们每个人都会因为运动量少而感觉会长胖，所以干脆吃得很少，但这样会陷入能量不足，从而让运动量变得更少的恶性循环。

食物是帮助我们的身体度过美好一天的能量，不仅是活动、呼吸、心跳、思考、学习，所有事情都需要能量的支持。吃得太少的话，最基本的代谢和日常生活就会变得困难。与其调节进食量，不如在增加活动量的同时根据身体需要调节进食量。

切忌过度减肥

在健身房里经常能看到写有"撕裂的肌肉""体脂率7%"等字样的广告，实际上，如果体脂率达到7%，皮肤就会变得粗糙，月经也会不规律。我们也经常看到"体重多少千克才算健康""体脂率多少才好"等问题，但体重、体重指数和体脂率等标准并不绝对适用于所有人，而且也不能保证测量仪器的准确度。健康的标准取决于平时有没有规律的月经、有没有健康的饮食习惯、是否进行了充足的运动、睡眠是否充足、能否好好走路或跑步等要素。

最糟糕的减肥方法是无条件饿肚子、只吃一种食物，或者完全戒掉碳水化合物。像这样过度减肥，很容易感到饥饿，之后很容易暴饮暴食。而且，青少年时期所需的营养物质不足，会对成长、发育、心情产生影响。

除此之外，还有很多人因为错误的减肥方法损害了自己的健康。例如，如果你为了控制食欲而吸烟，请立刻停止。还有，不能习惯性地服用便秘药。减肥容易导致便秘，但便秘药是强行挤压肠道的药物，如果长期服用，肠道之后就不会自然蠕动。要多喝水，多食用纤维多的蔬菜、燕麦片等食物。

学会使用手机应用程序

最近出现了很多对运动有帮助的手机应用程序，我们可以灵活运用，就像每天履行游戏任务一样去运动。

★ Cashwalk：每走100步就给1个现金（Cash）[1]，赋予运动

---

1. 这个软件的奖励机制是每走100步奖励1个现金（Cash），每天最高上限为10000步。积累的奖金可以在与该应用程序合作的线下商铺中直接进行消费，或者兑换成优惠券。——译注

原动力。

★ Charity miles：可以将跑步里程换成赞助金，向联合国儿童基金会或非营利机构捐款。

★ YAZIO：可以计算热量，提供食谱和运动视频，还可以扫描商品条形码，确认商品里面含有多少盐或反式脂肪酸。

★ walkr：一款用走路产生的能量探索宇宙行星的游戏。可以和其他用户互相交换能量，很适合和朋友们一起玩。

肯定"我的身体"

身体没有正确答案

当我们穿上新衣服却感觉和想象的自己不一样的时候，或者为自己吃了热量过多的美味甜点而后悔不已的时候，我们经常会陷入对身体的苦恼之中。有时，这种苦恼还会演变成严重的自我厌恶。虽然明白我们的身体本来就是不同的，但还是很容易陷入"如果比现在瘦一点儿，会不会看起来更漂亮、感到更幸福"之类的想象。这样的苦恼是很难完全消除的。社交平台上总是出现一些很瘦的女性，并鼓励我们要马上开始减肥。

听说现在患厌食症或暴饮暴食等饮食障碍的患者人数逐渐增加，年龄段也在持续下降。必须保持干瘦身材的强迫行为严重损害了女性的健康。在这种担忧之下，名为"肯定我的身体"的运动出现了，它主张无论什么身材都很美。身体没有正确答案，所有人的身体都应该受到尊重。在这样一个谈及女性就觉得理所应当要保持瘦弱身材的社会里，为了不被动摇，积极肯定自己的身体，我提议大家可以采取以下行动。

尽情地活动身体

在面临重大考试或说谎的时候，我们应该都经历过腰和肩膀向内弯、身体蜷缩的情况。相反，做完伸展运动，心情会变得舒畅。

我们的身体和感情就是这样紧密相连的。把烦恼抛掉会感觉脚步轻盈也是因为这个原因。了解并驾驭自己身体的方法和处理自己内心的方法一样。某位歌手在回答"心情不好的时候会怎么做"这个提问时说："为了不陷入忧郁的心情，我会到处走动，让身体更多地活动起来。"

产生消极情绪时，我们可以尽情地活动身体，不管是跑得喘不过气来，还是跟着音乐跳舞都可以。运动过后，充分享受呼吸变化、心情变化的感觉。这是属于我自己的身体，任何人都不能随意评价或讨厌，我们要与自己的身体建立良好的关系。

遇见多种多样的身体

池道是一名身材普通的韩国模特，她在身高越高、身材越瘦，参加走秀机会就越多的时尚界奋战。事实上，并非只有身材纤细的人才对时尚感兴趣，她们也不一定喜欢衣服。在时尚界，只有保持一副不健康的消瘦身材，才能走到华丽的聚光灯下。池道也曾苦恼为什么平凡的身体只能被挤出时装界，于是她成了一名身材普通的模特儿，向人们展示适合普通身材的各种搭配，介绍积极健康的身体运动。

媒体上出现的人大多身材瘦削，每当看着他们，就会感觉除了自己，世界上所有人的身体似乎都没有脂肪。我们应该专门去看看生活中的普通身材。我们都熟悉与现实中的人类身材完全不同的芭比娃娃，但大家知道与一般的芭比娃娃完全不同的不完美芭比娃娃[1]吗？它们不是穿着纤细的束腰连衣裙和高跟鞋的玩偶，而是穿着平凡的衬衫和短裤、长着青春痘、拥有赘肉的玩偶。这样的形象既陌生又让人感到亲切。如果我们开始如实地展现自己的身体，为身体而苦恼的人就会越来越少。

---

1. 艺术家尼古拉·拉姆参照正常女性的身材比例设计出的一款并不完美的芭比玩偶，名为 Lammily。这套芭比娃娃的身材比例完全参照正常女性身材，虽然看上去有些肥胖，还有疤痕、妊娠纹等瑕疵，但是更接近真人标准。——编注

坚持一周不讨论与身体相关的话题

"你瘦了""你的眉毛真好看""你真的很苗条"等话语明明是称赞，但是反复听到称赞外貌话语的人就会觉得应该继续维持这种状态。人是社会的组成部分，他人的称赞会成为自己做出特定行动的动机。相反，听不到这种话的人，也会觉得自己应该塑造好自己的外貌，或者因为觉得自己无法获得称赞而感到沮丧。

不仅是谴责身体的话语，称赞的话语也会让我们不尊重自己。为了抵抗这种评价外貌的文化，现在就从自己开始，试着度过不谈论自己和别人外貌的一周怎么样？谈论内容包括一切好听和不好听的话。只要有意识地不说，我们就会明白，我们实际上经常会在很多瞬间无意识地谈论外貌。停止谈论外貌时，反而可以找到更多样的对话内容。

进行自我防御训练

人通常在经历可怕或令人震惊的事情时会僵住，一旦进入极度紧张的状态，身体就会绷紧、蜷缩，理性也会消失。特别是面对意想不到的暴力情况，大部分人都因为不知道该做什么而处于僵硬的状态。

如果平时练习应对各种情况的方法，会怎么样呢？练习对突然出现的人果断地说"请走开"、判断究竟是要反击还是逃跑等。

所谓自我防御训练，就是为了在遇到不情愿的情况时，让我们的身体做出最快的反应，学习逃跑或确保安全距离等。性暴力咨询所等女性团体或"活动学校"[1]"源于身体"[2]等平台都会举行相关讲座。

---

1. 韩国的为人类提供恢复和协调素质运动指南的机构。——译注
2. 韩国的提供健康管理和健康教育的机构。——译注

推荐内容

图书	《酷儿理论与批评实践》，杨洁著，中国社会科学出版社，2011。
	本书尝试将酷儿理论引进我国文学研究或文化研究学界，并将其运用于批评实践，具有前沿性和学术性。
纪录片	《月事革命》，瑞卡·泽哈布奇导演，2018。
	这是一部关于月经和卫生巾的纪录片。讲述了印度德里的一群妇女为自己以及所有女性获得卫生巾的权利而抗争的故事。
电影	《印度合伙人》，R.巴尔基导演，2018。
	本片根据印度草根企业家阿鲁纳恰拉姆·穆鲁加南萨姆的真实事迹改编，讲述主人公拉克希米冲破阻力，发明低成本的卫生巾生产机，为印度农村的经期卫生观念带来变革的故事。

这本书生动有趣地介绍了如何与身体建立平等的关系。我为所有勇敢守护自己珍贵的身体并发声的人加油！

——性权利和生殖正义中心"SHARE"代表罗英

这本书从"我"的身体故事开始，为因身体问题而困扰的人们指明了方向，传递了温暖。

——教师、韩国全国教职员工会女性委员会委员李雪熙

这本书亲切又温暖，包含许多解读女性身体的极具责任感的信息。阅读本书，我们对自己身体的看法会发生改变。

——韩国首尔市教育局性人权政策专员、《外貌怎么了》合著作者徐英美

我们可以抛开年龄限制，随心所欲地感受并行动。正如这本书中所说的，希望性不会让你感到羞耻、混乱和恐惧。

——韩国青年女权组织"WeTee"领导者梁智慧

这本书对大众不了解的女性生理、心理知识进行了详细说明，帮助女性消除错误观念，超越了传统的性教育层面，明确教会女性该如何照顾自己。

——《中央日报》记者、播客"听聪生"（听着听着就能学会聪明地生活）主持人洪尚之

知识就是力量！这本书为所有想正确了解女性身体和性的人而写，是一本具有创新性的性教育书籍。

——韩国首尔市青少年性文化中心主任李明华

我经常在学校里遇到过分在意自己的身体或者讨厌自己身体的女生。希望通过阅读本书，能让青年女性和少女坦然接受自己的身体，与自己建立健康的关系。

——女权主义者初级教师、《需要女权主义者教师》合著作者索莉

终于出现了这样一本书，它对认为性教育很有必要却不知从哪里开始、如何开始或者总觉得性教育书籍有距离感的我们来说恰到好处。

——性教育讲师、《这种问题也可以问吗？》合著作者沈发斯特

很高兴遇到这本像一辈子在一起的挚友一样，能够让我们了解自己的身体并指导我们为身体变化做好准备的向导书！对初次来月经的少女或从未学习过身体知识的成年女性来说，它都是一本优秀的指南书。

——韩国月经杯品牌Luna Cup代表沈允美

这是一本想了解自己身体的少女、自以为对女性身体很了解的人，以及没接受过理应学习的性教育指导的成年人应该一起读的书。

——山清甘地学校教师朴钟勋

这本书像朋友一样令人感觉轻松、舒适，像姐姐一般可靠、亲切，像老师一样科学又清晰地讲述了我们的身体故事！

——保健教师张秉顺

读完这本书，我切实感受到了我们为什么需要全面性教育，并真正了解了一个人的生活中发生的各种事件。

——韩国性暴力咨询所所长金惠贞

我准备把这本书送给我的外甥女们，里面包含了我这个医生姨母想告诉她们的知识，充实又暖心。

——韩国生活医疗福利社会协同组合生活医院院长、《出诊包里的女权主义》作者秋惠仁

这本书中汇集了那些在跌跌撞撞的探索过程中逐渐了解自己身体的女性留给下一代的宝贵信息。

——韩国女权主义党创党团体共同代表李佳贤

这本书传递了对少女们的爱，为她们加油，支持她们挣脱束缚，坦然地面对社会偏见。

——韩国青少年性少数群体危机援助中心"叮咚"代表郑珉锡

这本书细腻、实用、朝气蓬勃又磊落大方，是一本从全新的角度介绍关于身体、性、爱情、关系与平等的说明书。我来月经30多年了，读了这本书才知道该选择什么样的止痛药。

——文化评论家、韩国庆熙大学比较文化研究所研究教授孙熙贞